FACULTÉ DE DROIT DE MONTPELLIER

DES

MARCHÉS DE FOURNITURES

PASSÉS PAR L'ÉTAT

ET

PLUS SPÉCIALEMENT

DES

MARCHÉS DE FOURNITURES

PASSÉS

PAR L'ADMINISTRATION DE LA GUERRE

THÈSE POUR LE DOCTORAT

PRÉSENTÉE ET SOUTENUE LE 20 JANVIER 1896

PAR

Joseph BRESSOT,

ANCIEN ÉLÈVE DE L'ÉCOLE POLYTECHNIQUE

MONTPELLIER,

IMPRIMERIE RICARD FRÈRES, RUE COLLOT, 9

1895

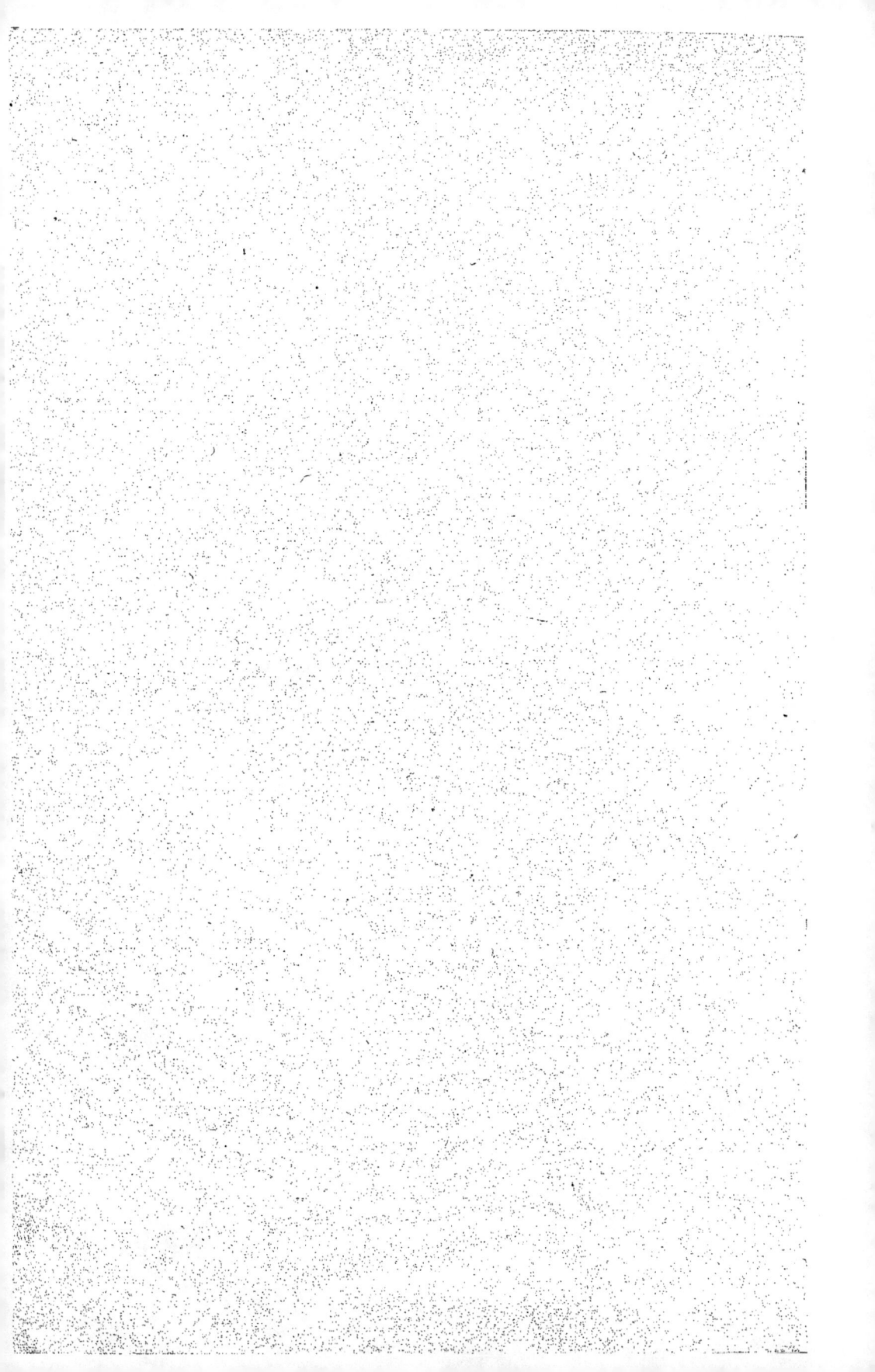

THÈSE

POUR LE

DOCTORAT EN DROIT

Montpellier. — Imprimerie RICARD Frères.

Directeur-Gérant : Joseph Carbonnel, Ⓐ.

FACULTÉ DE DROIT DE MONTPELLIER

DES

MARCHÉS DE FOURNITURES

PASSÉS PAR L'ETAT

ET

PLUS SPÉCIALEMENT

DES

MARCHÉS DE FOURNITURES

PASSÉS

PAR L'ADMINISTRATION DE LA GUERRE

THÈSE POUR LE DOCTORAT

PRÉSENTÉE ET SOUTENUE LE 20 JANVIER 1896

PAR

Joseph BRESSOT,

ANCIEN ÉLÈVE DE L'ÉCOLE POLYTECHNIQUE

MONTPELLIER,

IMPRIMERIE RICARD FRÈRES, RUE COLLOT, 9

1895

FACULTÉ DE DROIT DE MONTPELLIER

MM. VIGIE, Doyen, Professeur de Droit civil, et chargé du cours d'Enregistrement.

VALABRÈGUE, Assesseur, Professeur de Droit commercial.

BRÉMOND, Professeur de Droit administratif.

GIDE, Professeur d'Économie politique.

LAURENS, Professeur de Droit civil, et chargé du cours de Législation notariale.

GLAIZE, Professeur de Procédure civile, chargé du cours des Voies d'exécution, et du cours de Législation financière.

LABORDE, Professeur de Droit criminel, et chargé du cours de Législation et économie industrielle.

CHARMONT, Professeur de Droit civil, et chargé du cours de Droit civil dans ses rapports avec le notariat

CHAUSSE, Professeur de Droit romain, et chargé du cours de Droit international privé.

MEYNIAL, Professeur d'Histoire du Droit.

BARDE, Agrégé, chargé du cours d'éléments de Droit constitutionnel, et du cours des principes du Droit public et de Droit constitutionnel comparé.

VALÉRY, Agrégé, chargé des cours de Droit international public.

DECLAREUIL, Agrégé, chargé d'un cours de Droit romain, du cours de Pandectes, et du cours d'Histoire du Droit public français.

BROUILHET, chargé d'un cours d'Économie politique.

GIRAUD, Secrétaire.

MEMBRES DU JURY :

MM. BRÉMOND, Professeur, *Président*.

CHARMONT, Professeur, *Assesseurs*.
BARDE, Agrégé,

AVANT-PROPOS

Fonctions des nécessités gouvernementales, des besoins économiques et sociaux, les règles du Droit administratif sont essentiellement mobiles. Elles ont besoin d'élasticité et ne sauraient être enfermées dans des lois indéformables, être condensées dans les articles précis d'un Code méthodiquement divisé.

La variabilité des principes et l'insuffisance des textes législatifs sont, en effet, les caractéristiques de cette branche du Droit public.

Les lacunes de la Loi sont comblées par la jurisprudence administrative, dont le rôle est de « suppléer » en même temps que « d'expliquer », et dont les décisions constituent une sorte de seconde législation, car il ne faut point considérer la jurisprudence administrative comme se composant de décisions d'espèce, d'arrêts jugeant en fait, dont la coordination scientifique est impossible. Ce serait une grave erreur : les décisions du Tribunal des Conflits et du Conseil d'État sont l'application de principes traditionnels, dont l'ensemble constitue, dans chaque matière, un corps de doctrine.

Seulement, ces principes sont souvent très difficiles

à dégager, par suite des caractères de la rédaction des Arrêts du Conseil d'État.

Cette haute juridiction, en effet, n'a pas l'habitude, à la différence de la Cour de Cassation, d'exposer, dans les considérants de ses décisions, toutes les déductions juriques qui les motivent.

La comparaison est intéressante à faire.

Supposons un principe controversé de Droit privé entraînant des conséquences diverses : en ce cas, la Cour de Cassation ayant à trancher une question régie par l'une d'entre elles, commence par rappeler ou par établir, à l'aide d'un raisonnement mathématique, le principe fondamental; puis elle en déduit le corollaire intéressant dans l'espèce et l'applique au fait. Quelquefois même, le principe générateur une fois dégagé, elle en énonce les conséquences, qui ne sont pas utiles pour la solution du litige soumis à son appréciation.

Citons un exemple : Le point de savoir quelle est la nature des reprises de la femme mariée en communauté, présente notamment de l'intérêt à l'occasion des deux questions suivantes fort distinctes :

1° La femme a-t-elle le droit d'exercer ses reprises *par préférence* aux créanciers de la communauté, sur les valeurs qu'elle prélève ou reprend, en vertu des alinéas 2 et 3 des articles 1470 et 1493 du Code Civil ?

2° Ces mêmes reprises doivent-elles être considérées comme un droit *mobilier* ou *immobilier*, selon que la femme les opère sur des meubles ou des immeubles, ou sont-elles toujours *mobilières*, quelle que soit la nature de la chose prélevée ou reprise ?

Dans l'Arrêt solennel du 16 Janvier 1858, la Cour de Cassation, condamnant sa jurisprudence antérieure, consacre la solution d'après laquelle la femme commune exerce ses reprises à titre de créancière.

Dans l'espèce, la Cour de Cassation n'était saisie que de la première des deux questions précitées. La Cour a décidé que la femme, n'étant que créancière chirographaire, ne pourrait puiser, contre les créanciers de la communauté, un droit quelconque d'exclusion ou de préférence, ni dans la qualité de propriétaire qui lui est déniée, ni dans celle de créancière privilégiée, qu'aucun texte de loi ne lui accorde.

Quoique la Cour n'ait point à s'expliquer sur la deuxième question, elle a cru devoir la trancher. On lit, en effet, dans son arrêt, que la femme ne prélève ses récompenses qu'à titre de créancière ; et comme il ne saurait être parlé de prélèvement que dans les rapports des époux, puisque, en présence des créanciers non intégralement désintéressés, il ne peut y avoir lieu qu'a contribution, il faut nécessairement conclure de cette expression, qu'aux yeux de la Cour, les reprises de la femme, même entre les époux, ne sont jamais que de simples créances, sauf le droit d'antériorité qui les protège vis-à-vis du mari. De là sort par conséquent la nature mobilière de ces reprises, et c'est ce que l'arrêt déclare formellement.

La rédaction des Arrêts du Conseil d'État est profondément différente. Les considérants sont sobres de déclarations doctrinales. Le Conseil d'État ne formule que très rarement de véritables arrêts de

principe. Voici comment, le plus souvent, le Juris-
consulte dégage une théorie de Droit administratif.

Il réunit d'abord tous les arrêts relatifs à une
matière déterminée ; cela fait, il cherche si ces arrêts
ne sont pas des applications d'un même principe
juridique, auquel toutes les décisions groupées se
réfèrent implicitement, sans qu'aucune d'elles l'énonce
d'une manière formelle.

Ainsi, le principe, qui a donné lieu à tant de controverses, que « les décisions ministérielles sont de
» nature administrative et non de nature juridiction-
» nelle », entraîne entre autre conséquences, la
suivante :

La décision rendue spontanément par un Ministre
et notifiée à la partie ne constitue pas une sentence
rendue par défaut susceptible d'opposition, et par
suite, une décision ministérielle, rendue sur la demande
de la partie, et qui ne fait que confirmer une décision
antérieure, ne crée point un contentieux nouveau et
ne fait pas revivre les délais du recours.

Le Conseil d'État tranchant les controverses sou-
levées et adoptant le principe ci-dessus, ne fera pas,
s'il a à statuer sur la conséquence indiquée, d'énonciation doctrinale de principe ; il se contentera de
formuler des affirmations non démontrées et non
précédées de déductions juridiques.

Les sieurs Heit et Lecroq, anciens fournisseurs du
Corps expéditionnaire du Mexique, ayant présenté
devant le Conseil d'État une requête, tendant à ce qu'il
lui plaise : annuler une dépêche, qualifiée décision,

du 30 Mars 1870, par laquelle le Ministre de la
Guerre a rejeté la réclamation à lui adressée, au nom
des requérants, contre la liquidation par lui faite de
l'indemnité allouée au sieur Heit, par un décret rendu
au Contentieux le 16 Mai 1869 ; ce faisant, procéder
à la liquidation sur de nouvelles bases. Le Conseil
d'État a rejeté la prétention des sieurs Heit et Lecroq,
dans un Arrêt du 24 Janvier 1872 ;

« Considérant qu'il résulte de l'instruction qu'à la
» date du 21 Juillet 1869, le sieur Heit a reçu notifi-
» cation d'une décision, en date du 10 Juillet précé-
» dent, par laquelle le Ministre de la Guerre a arrêté
» à la somme totale de 36,064 fr. 12 c. en principal
» et intérêts, l'indemnité à lui due en exécution du
» décret rendu au Contentieux le 26 Mai 1869, pour
» ses pertes de denrées et objets mobiliers lors de
» l'évacuation de l'État d'Oajaca en 1866 ; — qu'il
» n'a pas attaqué cette décision dans les délais du
» règlement ; — que la dépêche ministérielle en date
» du 30 Mars 1870, qualifiée par les requérants de
» décision, et contre laquelle est dirigé leur recours,
» n'est que la confirmation pure et simple de la décision
» nouvelle. »

Plusieurs arrêts intervenant ensuite et admettant
respectivement des conséquences différentes du principe que « les décisions ministérielles sont de nature
administrative et non juridictionnelle », on peut alors
affirmer que le Conseil d'État a admis ce principe.

Ainsi la méthode d'investigation juridique, en Droit
administratif, est la synthèse.

La présente étude qui a pour objet l'énonciation et la coordination des principes qui régissent « les » Marchés de fournitures passés par l'État et plus » spécialement les Marchés de fournitures passés par » l'Administration de la Guerre » est donc une étude synthétique.

Cependant une large part y est faite à l'analyse, car les clauses usuelles des principaux cahiers des charges des divers services du département de la Guerre y sont analysées pour en déduire les conséquences intéressantes et pratiques.

Cette monographie s'occupe donc du « Marché de fournitures » depuis sa formation jusqu'à la liquidation définitive des comptes de l'entrepreneur; ses développements mettront en lumière le caractère éminemment centralisateur de notre organisation administrative.

En principe, c'est le Ministre qui souscrit les contrats de l'État et arrête les cahiers des charges qui servent de base aux adjudications ; qui assure l'exécution du contrat une fois qu'il est passé ; qui prononce au besoin sa résiliation.

L'action du Ministre, dans les marchés, s'exerce ainsi depuis leur formation jusqu'aux dernières phases de leur exécution. De la sorte, dans chaque service de chaque département ministériel, le Ministre a son personnel « dans la main » : pour employer l'expression qui, dans la théorie militaire, désigne le cavalier maître de son cheval, auquel il sait imposer sa volonté réfléchie.

CHAPITRE PREMIER

CARACTÈRES, NATURE JURIDIQUE, RÈGLES D'INTERPRÉTA-
TION DES MARCHÉS DE FOURNITURES.

SECTION I. — Caractères des marchés de fournitures.

L'État, chaque jour, est *partie* à une foule de conventions dans lesquelles il stipule, comme un simple
particulier, au mieux de ses intérêts. Dans ces contrats,
librement consentis de part et d'autre, l'État n'agit
plus comme puissance publique, mais accomplit un
simple acte de gestion et s'assimile en quelque sorte
à une personne privée. Aussi les litiges auxquels
donnent lieu ces contrats sont-ils, en principe, de la
compétence judiciaire.

Telle est la règle à laquelle des exceptions nombreuses sont apportées par des lois spéciales.

La compétence de la juridiction administrative en
matière de « Marchés de fournitures » résulte du
Décret du 11 Juin 1806, Art. 14, ainsi conçu :

« Notre Conseil d'État continuera d'exercer les
» fonctions qui lui sont attribuées par les Constitutions
» de l'Empire et par nos Décrets; il connaîtra, en
» outre : 1° . . . .
» 2° de toutes contestations ou demandes relatives

» soit aux marchés passés avec nos Ministres, avec
» l'Intendant de notre Maison, ou en leur nom, soit
» aux travaux ou fournitures faits pour le service de
» leurs départements respectifs, pour notre service
» personnel ou celui de nos Maisons. »

Ce texte de loi ne détermine pas d'une façon précise les caractères des contrats compris sous la dénomination de « Marchés de fournitures ». En l'état de la jurisprudence, nous définissons ainsi le « Marché de fournitures » :

« Le Marché de fournitures est une convention *passée*
» *par l'État, en vue de l'exécution d'un service*
» *public, réglée par un cahier des charges, et*
» *ayant pour but : soit de procurer à l'État des*
» *matières, denrées, transports ou main-d'œuvre;*
» *soit exceptionnellement d'acheter à l'État des*
» *matières ou valeurs ; soit, enfin, d'assurer l'État.* »

Nécessité d'un but déterminé, nécessité de l'intervention de l'État, nécessité de l'existence d'un cahier des charges, telles sont donc les conditions qui doivent être réalisées pour qu'une convention constitue un « Marché de fournitures ». Ces conditions font l'objet des développements qui suivent.

I.

Nécessité d'un but déterminé.

Les Marchés de fournitures ont principalement pour but de procurer à l'État les objets nécessaires aux divers services publics. Ainsi, ils comprennent, pour l'Administration de l'Enregistrement, les approvisionnements de papiers pour le timbre ; pour les différents Ministères, toutes les fournitures destinées aux bureaux, le chauffage, etc...

Ce sont surtout, d'ailleurs, les services se rattachant aux deux départements de la Guerre et de la Marine, qui donnent lieu à des marchés d'une importance particulière.

Les marchés passés par le Ministère de la Guerre pourvoient à la subsistance et à l'habillement des troupes, aux fournitures de fourrages, au service de l'Hôtel des Invalides, des lits militaires, etc., etc. Ils peuvent également porter sur le matériel, les armes, les munitions. Ceux qui sont passés pour le département de la Marine embrassent les approvisionnements proprement dits, c'est-à-dire les munitions, matières brutes et objets ouvrés ; la fourniture du matériel de l'artillerie, l'outillage des navires, les subsistances nécessaires aux Corps de la marine et aux hôpitaux, etc.

La jurisprudence a étendu exceptionnellement le caractère de Marché de fournitures à d'autres contrats que les ventes où l'État figure comme acheteur. Elle a pu adopter une interprétation très large sans se mettre en opposition avec la lettre ni avec l'esprit de la loi, car le texte régissant la matière est l'Art. 14, Décret du 11 Juin 1806 précité, qui parle en général de « Marchés passés avec les Ministres, et de travaux ou fournitures faits pour le service de leurs départements respectifs. »

Les contrats auxquels le Conseil d'État étend le

caractère de Marché de fournitures, sont les contrats d'échange, exceptionnellement les contrats de vente lorsque l'État intervient comme vendeur, les contrats de louage d'ouvrage et de transports, et enfin, les contrats d'assurances.

A. — Échanges.

Des marchés ayant pour objet l'échange de vieilles matières contre des matières neuves, sont fréquemment passés par l'Administration de la Guerre. On les désigne sous le nom de « Marchés par conversion ».

Ces marchés, passés par le Ministre de la Guerre ou ses délégués pour le service de son département, constituent des Marchés de fournitures, aux termes de l'Art. 14, Décret du 11 Juin 1806 précité.

B. — Ventes mobilières.

Le droit commun et la compétence judiciaire s'appliquent aux actes contractuels de l'État et notamment aux ventes mobilières.

La règle reçoit exception, lorsque le contrat rentre dans les marchés passés par les Ministres, pour le service de leurs départements respectifs.

Ce caractère se retrouve dans l'espèce de l'Arrêt du 20 Février 1869 (Pinard). Le Ministre des Finances avait vendu à un Syndicat de banquiers 174,000 obligations mexicaines, remises au Gouvernement français par le Gouvernement mexicain, à valoir tant sur la créance de 270 millions, reconnue à la France par le traité de Miramar, que sur une indemnité de 40 millions, due pour dommages causés à nos nationaux,

L'empereur Maximilien ayant été renversé, et la négociation des valeurs mexicaines étant devenue impossible, le Syndicat demandait que le traité fût déclaré résilié pour cas de force majeure, et l'incompétence de l'autorité administrative était proposée à raison de ce qu'il s'agissait d'une vente. Le Conseil d'État s'est déclaré compétent, parce qu'il y avait là un marché passé par un Ministre pour le service de son département. (Décret du 11 Juin 1806, Art. 14.)

En principe, le produit de toutes les ventes d'objets mobiliers ou immobiliers appartenant aux divers Ministères est versé au Trésor public, qui en fait recette au Budget de l'exercice courant.

Lorsque exceptionnellement le *prix payé en exécution de la vente* consentie par un Ministre *fait partie des ressources budgétaires* du département de ce Ministre, le contrat rentre dans les marchés passés par les Ministres pour le service de leurs départements respectifs et constitue un « Marché de fournitures. »

C'est ainsi que la vente des fumiers d'un Corps de troupe constitue un Marché de fournitures, parce que la masse de harnachement et ferrage de ce Corps de troupe fait recette du produit de la vente desdits fumiers. (Cons. d'État, 21 Mai 1840, Gouffier; 10 Août 1847, Min. de la Guerre, C. Chabot; 17 Mai 1878, Charpentier.)

Nous reviendrons prochainement sur ces Arrêts, en étudiant le caractère que présentent nécessairement les Marchés de fournitures « d'intervenir pour le compte de l'État. »

C. — Contrats de louage d'ouvrage et de transports.

1° Louage d'ouvrage. — Plusieurs auteurs — Laferrière, tom. II, p. 132; Brémond, Traité théorique et pratique de la compétence administrative, N° 1365 — pensent qu'il résulte de l'esprit de la jurisprudence du Conseil d'État, qu'il faut considérer comme « Marchés de fournitures » les contrats ayant pour but de procurer à l'État, en vue d'un service public, de la *main-d'œuvre.*

Cette opinion ne s'appuie sur aucun Arrêt, la jurisprudence étant muette sur la question, mais sa justesse est manifeste. Prenons, par exemple, le cas d'un ouvrier embauché par le Directeur d'un arsenal militaire. Le contrat qui intervient entre l'Administration et l'ouvrier qui s'engage à observer les consignes d'atelier, tenant lieu de cahier des charges, est passé par le Directeur de l'arsenal, délégué du Ministre de la Guerre, pour l'exécution d'un service public.

On peut donc dire qu'il rentre dans la catégorie des conventions visées par l'Art. 14 du Décret du 11 Juin 1806 et qu'il constitue un « Marché de fournitures » faisant partie du Contentieux administratif.

2° Transports pour le compte de l'État. — Les traités conclus par un Ministre pour les transports à effectuer pour le compte de son département, rentrent dans les conventions visées par l'Art. 14 du Décret du 11 Juin 1806. Ce sont des Marchés de fournitures et il appartient au Conseil d'État de connaître des difficultés contentieuses qu'ils font naître.

Mais il appartient à l'Autorité judiciaire de connaître des contestations entre un voiturier et l'État pour le règlement de transports exécutés, en l'absence de tout marché conclu avec les représentants de l'Administration, dans les conditions du droit commun. Cette distinction a été maintes fois reconnue par la jurisprudence. (Cons. d'État, 13 Juillet 1883; Compagnie P.-L.-M.; Circ. Min. de l'Agriculture, 9 Juillet 1820); (Cour de Cassation, 28 Août 1866; D. P. 66, 1, 486.)

En outre, en matière de concession de chemin de fer, le Conseil de Préfecture est compétent, par application de l'Art. 4, § 2. L. 28 Pluv., an VIII, pour statuer sur les difficultés relatives à l'exécution des obligations prises par le concessionnaire et sur l'interprétation de son contrat. (Cons. d'État, 11 Février 1881.)

Il résulte donc des considérations précédentes que les transports, faits par les Compagnies de chemins de fer pour le compte de l'État, peuvent se présenter sous trois formes et relever de trois juridictions différentes :

1° Contrat de droit commun et compétence judiciaire, si l'État fait exécuter ses transports dans les conditions et au prix du tarif général. (Cons. d'État, 6 Juillet 1883);

2° Marché de travaux publics et compétence du Conseil de Préfecture, si les transports ont lieu en vertu de clauses particulières du *cahier des charges de la concession*, assurant à l'État des exemptions ou des réductions de taxes au profit d'un service public;

3° Marché de fournitures et compétence du Conseil

d'État, si les transports sont faits en exécution de conventions spéciales, librement consenties entre les Compagnies de chemins de fer et l'État, en dehors du tarif général et des stipulations contenues dans le cahier des charges de la concession.

C'est le cas des transports effectués en exécution du traité du 15 Juillet 1891, intervenu entre l'Administration de la Guerre et les grandes Compagnies de chemins de fer.

Les transports maritimes les plus importants, par exemple ceux du Service des Postes, sont faits par des Compagnies en vertu des traités sanctionnés par des lois.

Le plus souvent, ces traités stipulent que les contestations entre l'État et le concessionnaire seront tranchées par le Ministre, sauf recours au Conseil d'État. Le Ministre statue alors comme juge, car il est évident que l'on doit considérer comme cas de juridiction ministérielle, ceux où un texte — dans l'espèce, la loi sanctionnant le traité — confère au Ministre le droit de statuer comme juge.

Dans le silence du traité, la juridiction administrative est encore compétente. Ici s'applique l'Art. 14 du Décret de 1806. Mais il faut remarquer qu'alors les décisions prises par le Ministre constituent des actes d'administration et non des jugements. On verra, en effet, plus loin, que la doctrine du Ministre juge est maintenant abandonnée par le Conseil d'État.

L'intervention du législateur ne peut enlever au traité son caractère de Marché administratif.

Vainement l'on soutiendrait que la compétence judiciaire, en la matière, résulte du vote de la loi sanctionnant le traité, l'Autorité judiciaire ayant, en principe, compétence exclusive pour interpréter et appliquer la loi, et cela, pour deux raisons :

1° Le Décret du 11 Juin 1806 « sur l'organisation et les attributions du Conseil d'État », qui attribue compétence à la juridiction administrative en matière de Marchés de fournitures, a la force d'un acte législatif, pour les motifs suivants :

D'une part, la matière réglementée par ce Décret appartient au domaine législatif. En effet, toute disposition ayant un caractère *général* et *initial* est du domaine législatif : telle est la formule théorique admise. (Voir Simonet, Traité élémentaire de Droit public et administratif, 2me édit. N° 270.) Une disposition a d'ailleurs un caractère général quand elle s'applique à un ensemble de personnes ou d'objets, et non pas seulement à une personne déterminée ou à un objet spécial ; elle a un caractère initial, quand elle ne se rattache pas à un principe déjà posé par une loi antérieure. Or, les dispositions du Décret précité de 1806 ont manifestement un caractère général et initial.

D'autre part, les Décrets par lesquels Napoléon Ier a empiété sur le domaine de la puissance législative, ont la force d'un acte législatif. (Aubry et Rau, tom. I, pag. 8.)

Si donc, ce Décret a le caractère, l'autorité et les effets d'une loi, il ne peut y être dérogé que par une loi, et la loi sanctionnant le traité ne renferme pas de clause dérogatoire relative à la compétence ;

2° Il n'est pas exact de prétendre que l'Autorité judiciaire a, en principe, compétence exclusive pour appliquer et interpréter la loi : l'interprétation et l'application d'une loi peuvent soulever et soulèvent, en effet, des contestations fréquentes, dont le jugement appartient tantôt à l'Autorité administrative, tantôt à l'Autorité judiciaire, suivant la nature de ces contestations.

D'une manière générale, d'ailleurs, le Conseil d'État a, dans plusieurs Arrêts, consacré le principe que l'acte homologué par une loi conserve sa nature propre. (Brémond, *op. cit.*, N° 357, et les autorités y citées ; Cons. d'État, 19 Décembre 1868, Comp^ie Transatl., 20 Décembre 1872, Valéry ; Trib. Confl., 1er Février 1873, Administration des Postes ; Cons. d'État, 17 Novembre 1876, Garcin.)

La juridiction administrative est donc compétente pour statuer sur toutes les contestations entre l'État et le concessionnaire de transports, relatives à des expéditions exécutées en vertu du traité. Notamment, la juridiction administrative est compétente pour décider si le traité autorise le concessionnaire à invoquer l'Art. 216, C. Comm., autorisant le transporteur à se libérer par l'abandon du navire et du fret. (Cons. d'État, 20 Décembre 1872, Valéry ; Trib. Confl., 1er Décembre 1873, Valéry.)

Mais la compétence serait judiciaire pour tout litige

à résoudre uniquement d'après la loi et en dehors du traité.

Par exemple, l'action en avaries communes, éprouvées par un navire en cours de voyage, est de la compétence de l'Autorité judiciaire, et non de celle des Tribunaux administratifs, même à l'égard de l'État figurant au nombre des chargeurs, à raison d'un marché passé entre lui et le Capitaine du navire, pour le transport de denrées : une telle action ne peut être considérée comme relative à ce marché, mais prend sa cause dans un fait postérieur dont les conséquences sont réglées par la loi elle-même, et donnent lieu, d'ailleurs, à une opération essentiellement indivisible, laquelle ne saurait être déférée à la juridiction administrative, sans autorité sur les chargeurs autres que l'État. (Cass. civ., 28 Août 1866. D. P. 66, 1, 486.)

D. — Contrat d'assurances.

L'assurance est un contrat par lequel une partie prend envers une autre l'engagement de l'indemniser des pertes ou dommages résultant d'un événement déterminé, futur et incertain. Lorsque le contrat d'assurance a pour objet d'indemniser l'assuré des conséquences dommageables de l'inexécution d'un contrat préexistant où ledit assuré est partie, l'assurance constitue un contrat accessoire du contrat préexistant, des *caractères* et de la nature juridique duquel il participe.

Dans le cas particulier où l'assuré est l'État et où le contrat préexistant est un Marché de fournitures, le contrat d'assurance constitue aussi un Marché de fournitures, faisant partie du Contentieux administratif.

C'est ce qu'a décidé le Conseil d'État dans une instance Garavini contre le Ministre de la Guerre. Le sieur Garavini s'était engagé à assurer contre les risques de mer, moyennant une prime, des transports de bestiaux pour l'approvisionnemeut de troupes. Il soutenait qu'aux termes de l'Art. 631, C. Com., les Tribunaux de Commerce doivent seuls connaître des contestations entre toutes personnes concernant des actes de commerce, et que, au nombre des actes, déclarés actes de commerce par les Articles 632 et 633, figurent expressément les assurances.

Le Ministre de la Guerre répondait que le Code de Commerce règle les rapports entre les particuliers, et qu'il y a des règles spéciales pour les rapports entre l'Administration et les parties qui traitent avec elle.

Le Conseil d'État (11 Avril 1837) a rejeté les conclusions du sieur Garavini, par les motifs suivants :

« Sur la compétence : considérant que, par l'acte
» passé à Alger, le 17 Janvier 1835, entre le sieur
» Viviand, agissant pour le compte de l'Administra-
» tion de la Guerre et le sieur Garavini, ce dernier
» s'est engagé *à assurer tous les chargements de*
» *bestiaux expédiés de la place de Bône sur celle de*
» *Bougie, pour le service des troupes dans cette*
» *place ;* qu'un tel engagement ne saurait rentrer
» dans les contrats d'assurance régis par le Code de
» Commerce, mais constitue réellement un marché

» passé avec l'Administration de la Guerre et ayant
» pour objet de *garantir un service public.* »

§.

En dehors des achats destinés à procurer à l'État,
en vue d'un service public, des objets de consommation ou autres, et des contrats ci-dessus examinés, le
Conseil d'État n'attribue pas le caractère de « Marchés
de fournitures » aux conventions passées par les
Ministres pour le compte de l'État.

II.

Nécessité de l'intervention de l'État.

Pour qu'un marché rentre dans la catégorie des
marchés de fournitures visés par l'Art. 14, Décret du
11 Juin 1806, il faut qu'il soit intervenu *pour le
compte de l'État.*

A. — La compétence administrative ne s'applique
qu'aux marchés de l'État et des colonies. Les marchés
passés pour le compte des départements et des communes restent dans le Contentieux judiciaire. (Cons.
d'État, 12 Juill. 1889, Aubry ; Trib. Confl., 7 Mai
1881, Pérot et Lerat).

Si cependant des départements et des communes
étaient chargés dans des circonstances exceptionnelles
de pourvoir à des services d'État, leurs marchés
pourraient être assimilés à des marchés de l'État,
surtout si celui-ci en avait ultérieurement assumé la
charge. Ainsi, le Décret du 22 Octobre 1870 ayant
chargé les départements et les communes de pourvoir

à l'équipement des gardes nationaux mobilisés et à l'organisation de batteries départementales, et ces services ayant été repris par l'État en vertu de la Loi du 11 Septembre 1871, les marchés passés dans l'intervalle par les départements et les communes ont été attribués à la juridiction administrative.(Cass., 12 Janv. 1872, Picon et Péronin; Cons. d'État, 21 Oct. 1871, Delhopital; *Sic*. Laferrière; tom. II, p. 133; Brémond, *opus citatum*, N. 1371.)

B. — On ne peut considérer l'État comme étant partie dans les marchés directs passés dans les Corps de troupe pour l'entretien de l'habillement, du harnachement, de l'armement, de la ferrure et pour la fourniture des vivres que ces corps ne reçoivent pas en nature.

Les dépenses auxquelles ces marchés donnent lieu sont, en effet, acquittées en général, au moyen des masses, c'est-à-dire avec des fonds d'abonnement alloués aux corps par l'État, ou avec la solde des hommes.

Ces marchés ne sont pas des Marchés administratifs.

Pour déterminer l'exacte portée de cette règle et faire ressortir avec clarté les raisons qui la motivent, il convient de rappeler brièvement les principes généraux de l'administration des Corps de troupe et le fonctionnement et le mécanisme des masses et des ordinaires.

L'administration d'un Corps de troupe assure aux militaires qui en font partie la satisfaction de besoins définis. Elle utilise, à cet effet, les ressources, tant en argent qu'en nature, qui sont mises à sa disposition, elle en règle l'usage et en justifie l'emploi.

Dans tous les corps, sauf dans ceux qui sont organisés sous le nom de compagnies ou sections, l'administration est exercée par un Conseil, qui porte le nom de Conseil d'Administration, composé de 5 membres : le Chef de Corps (ou le Commandant de la portion centrale, Président); le Major, le Trésorier, l'Officier d'habillement et un Commandant d'unité administrative, renouvelé chaque année.(Art. 8 du Décret du 14 Janvier 1889, portant règlement sur l'administration et la comptabilité des Corps de troupe.)

Certaines des allocations faites aux Corps de troupe sont dites payables sur revue, c'est-à-dire qu'elles sont attribuées, en raison des droits établis par les parties prenantes, sans que le contrôle ait à rechercher si elles correspondent ou non à des besoins réels.

Les allocations payables sur revue sont : la solde et ses accessoires, les différentes masses, la masse d'habillement et d'entretien, la masse de harnachement et de ferrage, la masse de chauffage, la masse des écoles, la masse du casernement, les prestations du service des subsistances.

Elles sont collectives ou individuelles, c'est-à-dire que le taux en est fixé, soit en bloc pour l'ensemble de l'unité administrative (ex. Masse des Écoles), soit pour chacun des individus qui compose cette unité.

Les allocations individuelles sont perçues : les unes, au profit exclusif de l'homme dont la présence au corps justifie la perception (solde et accessoires de solde, moins la portion affectée aux ordinaires, rations diverses) ; les autres (portion de solde affectée à l'ordinaire, masse d'habillement, etc.), au profit commun de l'unité (corps ou compagnie), sans attribution exclusive à tel ou tel individu.

Les masses sont des allocations en deniers destinées à subvenir à certaines dépenses en matériel des Corps de troupe, auxquelles l'État juge simple et économique de pourvoir par un abonnement.

Les différentes masses sont gérées par les Conseils d'Administration, qui peuvent être autorisés par le Ministre à faire des virements de fonds d'une masse prospère sur une masse moins prospère. Au moyen des masses, l'État se décharge sur les Conseils d'Administration des Corps de troupe, *du soin de satisfaire un certain nombre de besoins des militaires de ces Corps de troupe*.

Les Conseils d'Administration des Corps de troupe sont, dans leurs rapports avec l'État, des délégués qui assurent un service incombant à l'État représenté par le Ministre.

Mais à l'égard des personnes avec lesquelles ils passent des marchés, ce sont des parties traitant en leur nom personnel et dès lors n'engageant qu'elles-mêmes.

Les marchés ainsi passés sont des conventions privées, et ne peuvent être considérés comme des Marchés administratifs, bien que les règlements les aient entourés de formalités et de garanties minutieuses, telles que l'obligation pour les Commissions choisies par le Corps, de se renfermer minutieusement dans les limites d'un tarif ministériel.

Les fonds des masses n'en sont pas moins *des deniers publics*. En cas de licenciement d'un Corps de troupe les fonds des différentes masses ne seraient pas partagés entre les hommes qui en faisaient partie : ils seraient reversés dans les caisses de l'État.

Des ordinaires. (Règlement du 23 Octobre 1887.)— Pour assurer dans les meilleures conditions l'alimentation des hommes de troupe, on les réunit par groupes dont chacun constitue *un ordinaire*. Les prélèvements effectués sur la solde, l'indemnité représentative de viande et diverses autres ressources accidentelles, comme la valeur des moins-perçus en pain, les centimes de poche des hommes punis de prison ou irrégulièrement absents le dernier jour du prêt, le produit de la vente des os et eaux grasses, etc..., forment un fonds commun qui pourvoit à l'achat des denrées alimentaires, des ustensiles et ingrédients de propreté, au blanchissage du linge de corps, à l'éclairage des chambres, etc......

Bien que les ordinaires soient formés en principe par compagnie, la part d'initiative dévolue au Capitaine commandant est plus ou moins grande suivant le mode de gestion prescrit par le Chef de Corps.

Tantôt le Capitaine exerce, sous le contrôle du Chef de Corps, la direction exclusive du service : achetant chez les fournisseurs de son choix, fixant lui-même la composition des repas.

Tantôt il est institué une Commission des ordinaires qui centralise les achats pour tout le Corps. Le Capitaine reste libre de régler comme il l'entend l'alimentation de ses hommes ; mais les denrées dont il a besoin sont demandées par lui à la Commission et remboursées au Trésorier par prélèvement sur le prêt. Cet Officier qui, dans la circonstance, agit comme caissier de la Commission des ordinaires, reçoit à cet effet du secrétaire, tous les cinq jours, l'état des retenues à exercer sur chaque Compagnie et rembourse directement les fournisseurs.

Les fonds des ordinaires ne constituent pas, comme les fonds de masse, des *deniers publics*. Les hommes qui font partie d'un ordinaire peuvent être assimilés à des particuliers qui mettraient en commun, pour vivre à meilleur marché, leurs ressources personnelles. C'est pourquoi, au cas de licenciement d'un Corps de troupe, les bonis des ordinaires devraient être partagés entre les hommes qui en faisaient partie. (Art. 5, 6ᵐᵉ alinéa.)

Les conventions passées par la Commission des ordinaires d'un Corps de troupe, ou le Capitaine commandant une Compagnie, pour procurer aux ordinaires du Corps la viande fraîche, les denrées ou autres objets qui lui sont nécessaires, sont des contrats ordinaires, régis par le droit commun, même lorsqu'il existe un cahier des charges. Ce cahier, dont le département de la Guerre a donné le modèle à modifier selon les circonstances et les ressources locales, n'a que la valeur attachée par l'Art. 1134 du Code Civil aux conventions entre particuliers. Il n'est pas, comme les cahiers des charges des marchés administratifs, la loi *exclusive* des parties. Il est à remarquer d'ailleurs qu'il ne déroge au droit commun qu'exceptionnellement et quand cela a paru indispensable, notamment quand il affranchit les Commissions des ordinaires de l'obligation de demander l'autorisation de la justice pour faire exécuter le service abandonné par le fournisseur aux risques et périls de ce dernier, au moyen d'un traité par défaut, et lorsqu'il substitue conventionnellement à cette autorisation celle du Chef de Corps, motivée par la nécessité de pourvoir rapidement à des besoins immédiats ; cette dispense de recourir aux Tribunaux, dans ce cas particulier, constitue presque la seule dérogation aux règles ordinaires que l'on rencontre dans ce cahier des charges. Pour tous les autres cas, le cahier des charges indique que l'Autorité judiciaire est exclusivement compétente pour le jugement des contestations et difficultés.

§.

Les ventes faites par les Conseils d'Administration des Corps, des fumiers et des dépouilles de chevaux morts, sont des Marchés de fournitures.

En principe, le produit de toutes les ventes d'objets mobiliers ou immobiliers appartenant au Ministère de la Guerre est versé au Trésor public, qui en fait recette au Budget de l'exercice courant. (Règlement du 3 Avril 1869, Art. 253.)

Mais à ce principe plusieurs exceptions sont apportées, parmi lesquelles celle résultant des Art. 154

et 155 du « Décret du 14 Janvier 1889 portant règlement sur l'administration et la comptabilité des Corps
de troupe ».

« ART. 154. — La masse d'entretien du harnache-
» ment et ferrage est principalement destinée à pour-
» voir aux divers besoins d'entretien des chevaux et
» mulets.. .. »

« ART. 155. — Les recettes se composent :

» 1° Des allocations en deniers fixées par les tarifs ;

» 2° Du produit de la vente des fumiers des chevaux
» logés dans les bâtiments militaires et des chevaux
» appartenant à l'État, logés en ville par convenance
» personnelle, ainsi que les dépouilles des animaux
» morts ou abattus appartenant à l'État ;... »

D'après la circulaire du 12 Mai 1823, rappelée par
l'instruction du 29 Décembre 1840. *Bull. off.*, p. 804, et
l'Art. 254 du Règlement du 3 Avril 1869, les Conseils
d'Administration des Corps ont le droit de vendre les
fumiers soit par lots, soit au moyen d'abonnement
par tête de cheval, suivant les avantages qu'offrent
les localités. La même faculté leur est réservée pour
les dépouilles des chevaux morts ou abattus appartenant à l'État.

Malgré l'affectation des deniers, la vente des fumiers
et des dépouilles des chevaux par les Conseils d'Administration n'est pas un simple acte de gestion de la
masse d'entretien du harnachement et ferrage.

C'est un Marché administratif, un Marché de fournitures. Tandis que les marchés passés pour la gestion

des masses par les Conseils d'Administration, mandataires de l'État agissant en leur nom personnel et
n'engageant qu'eux-mêmes, le sont sans autorisation
préalable, sans que le Sous-Intendant militaire ait à
intervenir d'une manière quelconque ; les ventes de
fumiers ou de dépouilles de chevaux, au contraire, ne
reçoivent exécution qu'autant qu'ils sont revêtus de
l'approbation du Sous-Intendant militaire, délégué
spécialement à cet égard par le Ministre. (Circul. du
1ᵉʳ Oct. 1878. *Bull. off.*, p. 318.)

Les marchés passés pour la vente des fumiers et les
dépouilles des chevaux morts par les Conseils d'Administration des Corps, sous réserve de l'autorisation
du Sous-Intendant militaire, appartiennent donc au
Contentieux des Marchés de fournitures. (Cons. d'État,
10 Août 1847, Chabot.)

III.

Nécessité de l'existence d'un cahier des charges.

Les marchés de fournitures sont les marchés passés
avec les Ministres « pour le service de leurs départements respectifs. » Art. 14 du Décret du 11 Juin 1806.)

Mais on ne doit pas qualifier de marché toute opération faite par l'État pour subvenir aux besoins d'un
service public ; ainsi, un achat au comptant, une
commande faite verbalement à un marchand ou à un
artisan, n'est pas, à proprement parler, « *un marché*. »

Pour qu'il y ait marché dans le sens du Décret de
1806, il faut qu'il intervienne entre l'Administration

et le fournisseur, des conventions réglées par un cahier des charges, ou tout au moins par un contrat spécial résultant d'une adjudication ou d'un marché de gré à gré et ne se confondant pas avec le cahier des charges qui règle les rapports d'un concessionnaire avec le public [1].

IV.

Il ne faut pas confondre les Marchés de fournitures et ceux de travaux publics. Sans doute, si l'on considère les formalités administratives dont sont entourés ces divers marchés, et les garanties de l'Administration à l'égard des fournisseurs et des entrepreneurs, on voit que ces opérations se rapprochent étroitement.

Mais à d'autres points de vue, les Marchés de travaux publics et les Marchés de fournitures sont régis par des règles juridiques très différentes, notamment au point de vue de la compétence :

1° Tandis que le Contentieux des Marchés de fournitures ressortit au Conseil d'État, l'Art. 4 de la Loi du 28 Pluviôse an VIII, défère d'une manière générale aux Conseils de Préfecture les contestations qui s'élèvent entre l'Administration et les entrepreneurs de travaux publics, sur le sens et l'exécution de leurs marchés ;

2° La compétence n'est administrative pour les Marchés de fournitures que quand ils intéressent l'État,

---

[1] Brémond, *opus citatum*, N° 1365.

tandis qu'elle est admise même pour les Marchés de travaux publics intéressant les départements et les communes.

Qu'arriverait-il au cas où un marché aurait pour objet à la fois des travaux publics et des fournitures ? On ne peut scinder la compétence et renvoyer à deux tribunaux différents, selon qu'il s'agira d'une clause relative à des travaux ou relative à des fournitures : on s'exposerait ainsi à des contrariétés possibles de décisions et à d'inextricables difficultés.

La doctrine et la jurisprudence sont alors unanimes à admettre qu'il n'y a pas lieu de séparer les deux éléments travaux publics et fournitures, pour en faire les objets de deux opérations distinctes, mais qu'il faut, au contraire, maintenir l'unité de l'opération en lui attribuant le caractère de l'élément le plus important.

On peut dire que quand le but d'un traité est la fourniture d'un objet, la livraison de matières qui se consomment ou non par le premier usage, il y a Marché de fournitures, quand même l'exécution de ce marché entraînerait accessoirement pour le fournisseur un certain travail à exécuter sur un immeuble de l'État.

L'objet principal d'un Marché de travaux publics doit être, au contraire, un travail relatif au domaine public immobilier de l'État, soit que les matériaux à mettre en œuvre pour ce travail soient ou non fournis par l'entrepreneur.

Le Conseil d'État a fait fréquemment application de ces principes dans de nombreux Arrêts.

SECTION II. — De la nature juridique des Marchés de fournitures et des règles de leur interprétation.

Les Marchés de fournitures, passés avec les Ministres ou leurs délégataires pour le service de leurs départements respectifs, peuvent avoir pour objet, ainsi qu'il a été longuement expliqué ci-dessus, les opérations juridiques les plus diverses : non seulement l'achat des objets de consommation et autres nécessaires au service de l'État, mais encore des louages d'ouvrage et de transport, des assurances, etc..., et jusqu'à des ventes.

Ces opérations correspondent à des contrats que le législateur, à raison de leur importance et de leur fréquence dans la pratique des affaires a prévus, et dont les règles spéciales sont formulées dans des titres spéciaux du Code Civil ou du Code de Commerce : ce sont des contrats nommés.

Les dispositions législatives qui les concernent particulièrement créent des types de contrats civils ou commerciaux, mais non des types de contrats administratifs ; aussi ne sont-elles pas de plein droit applicables aux Marchés de fournitures dans le silence de leur cahier des charges :

« La vérité est que le Marché de fournitures et son
» cahier des charges forment un contrat *sui generis*,
» réputé complet par lui-même, qui emprunte au Droit
» civil ou commercial les dispositions qu'il croit bonnes,

» néglige les autres, et n'est pas présumé accepter
» celles qu'il passe sous silence [1]. »

Mais si les règles spéciales des « contrats nommés »
ne sont pas applicables aux « Marchés de fournitures »,
ceux-ci obéissent aux principes généraux des contrats,
tels qu'ils sont formulés par le Code Civil au Titre des
Obligations.

Dans le silence du cahier des charges, les principes généraux sont applicables, parce qu'ils édictent
des règles de justice et de raison qui dominent tous
les contrats. C'est pourquoi la jurisprudence a souvent
fait application des dispositions du Code Civil relatives
à la clause pénale, à la mise en demeure, aux obligations conditionnelles ou à terme, aux conséquences
de l'obligation de donner ou de faire, à la force majeure..., etc.

Ainsi, au point de vue de la nature juridique des
Marchés de fournitures et des règles de leur interprétation, deux propositions peuvent être formulées :

*1° Le Marché des fournitures est un contrat
spécial, dont le cahier des charges renferme les
règles particulières, et auquel il ne faut point étendre
par analogie les règles des contrats spéciaux du
Droit civil et du Code de Commerce, qui présenteraient avec lui quelque parenté ;*

*2° Les stipulations des Marchés de fournitures
doivent être rigoureusement observées, strictement
appliquées, et ce n'est que dans le cas de doute sur*

---

[1] Laferrière, *Traité de la Juridiction administrative*,
t. II, p. 135.

leur signification, que le juge doit se reporter aux principes généraux qui régissent les conventions.

Par application de la première proposition, le Conseil d'État n'admet pas qu'une Compagnie de transports maritimes, qui a fait un marché avec l'État, puisse s'affranchir de ses obligations, en faisant l'abandon du navire et du fret prévu par l'Art. 216 du Code de Commerce. (Cons. d'État, 20 Déc. 1872, Valéry; 8 Mai 1874, Valéry; 18 Nov. 1887, Cie transatlantique), ni qu'elle puisse invoquer, dans le silence du cahier des charges, les dispositions de ce code relatives aux avaries. (Cons. d'État, 19 Nov. 1868, Cie transatlantique.)

Parmi les nombreuses décisions, où il a été fait application du second principe, on peut citer notamment les suivantes :

Aux termes d'un marché passé par un fournisseur pour l'approvisionnement de la viande fraîche à faire aux troupes dans les provinces d'Oran et d'Alger, aucune distinction n'était faite entre le temps de paix et le temps de guerre. Le Conseil d'État en a tiré cette conséquence, peut-être rigoureuse en équité, mais conforme aux règles d'interprétation spécialement admises en cette matière, que la circonstance de la reprise des hostilités n'avait pu modifier les engagements contractés et changer les conditions du marché. (Cons. d'État, 2 Févr. 1846, Mantout).

Aux termes des dispositions du cahier des charges d'une entreprise de fournitures de vivres dans un arrondissement d'Algérie, le service de l'entrepreneur consistait à fournir des vivres aux troupes de toutes armes, quel que fût leur effectif, cantonnées, campées, baraquées, bivouaquées ou de passage dans toute l'étendue de l'arrondissement auquel s'appliquait l'entreprise, et tous les frais quelconques se rattachant à l'exécution du service, jusques et y compris la distribution aux parties prenantes, étaient à la charge de l'entrepreneur, au moyen du prix déterminé par le marché. Cette disposition a été interprétée en ce sens que l'entrepreneur était obligé de fournir, aux prix de son marché jusqu'aux limites de l'arrondissement, les vivres nécessaires aux troupes composant une colonne expéditionnaire, sans pouvoir réclamer le remboursement des frais de transport de ces vivres aux gîtes d'étape. (Cons. d'État, 13 Juillet 1864, Josserand.)

Le cahier des charges du marché passé pour le service du littoral algérien entre l'État et la Compagnie des Services maritimes des messageries désigne limitativement les escales des bateaux des messageries sur le littoral. Il en résulte que la Compagnie n'est pas tenue de supporter les dépenses d'embarquement ou de débarquement qui peuvent être faites dans un port dont le nom ne figure pas parmi les escales désignées au marché. (Cons. d'État, 4 Juillet 1872, Cie des Serv. marit.)

Aux termes d'un marché relatif à la fourniture de pain à livrer aux troupes campées dans toute l'étendue d'un arrondissement, quel qu'en fût l'effectif, le Ministre avait la faculté de faire exécuter le service par les agents de l'Administration dans le cas de création d'armées et de formation de camps. Il a été

3

décidé que les rassemblements de troupes réunies et campées sur des plateaux autour d'une place forte pour y faire des terrassements ne constituaient pas un camp dans le sens prévu par le cahier des charges et n'autorisaient pas le Ministre à retirer à l'entrepreneur la fourniture du pain à ces troupes. (Cons. d'État, 31 Décembre 1869, Franck.)

Un marché avait été passé entre l'Administration de la Guerre et une compagnie pour l'affrètement d'un navire à vapeur destiné au transport de troupes et de matériel, et le contrat portait que l'Administration assurait le navire « contre les éventualités de Guerre et contre les risques de mer. » A la suite de l'échouement du navire, survenu par un fait imputable au Capitaine, la Compagnie prétendit mettre la perte à la charge de l'Administration, par la raison qu'il s'agissait d'un contrat d'affrètement dont les clauses doivent être interprétées d'après l'intention présumée des parties, et que, la compagnie étant anglaise, on devait supposer que, pour le sens et la portée de la clause de la charte partie relative à l'assurance du navire, elle avait entendu se référer aux dispositions de la loi anglaise, suivant laquelle l'assureur est responsable des fautes du Capitaine. Ce système n'a pas été admis, et le Conseil d'État, reconnaissant, par interprétation du contrat, que la perte du navire ne devait être attribuée à aucune des deux causes prévues, a décidé que cette perte ne devait pas être mise à la charge de l'État. (Cons. d'État, 24 Février 1860, Ellen Lack.)

CHAPITRE II

SECTION I. — Notions générales.

Représentants responsables de l'État, les Ministres ont seuls, sous réserve des exceptions prévues par la loi, le pouvoir de l'engager. Ils signent les cahiers des charges qui déterminent les conditions des marchés où l'État est partie; ils souscrivent eux-mêmes ces marchés ou tout au moins approuvent leur passation lorsqu'elle est l'œuvre de fonctionnaires subordonnés.

Ces principes sont expressément inscrits dans les dispositions législatives afférentes à la matière, et notamment dans les Art. 17 et 19 du Décret du 18 Novembre 1882, relatif aux adjudications et marchés passés au nom de l'État.

Les marchés destinés à assurer un service dans toute l'étendue du territoire, sont passés par le Ministre dans le département duquel est compris le service. Les marchés qui se rapportent à un service local, sont passés par le Chef de service ou autres fonctionnaires délégués, sauf approbation du Ministre.

En ce qui concerne le département de la Guerre, et par application de la faculté donnée, à titre exceptionnel, par l'Art. 17 précité, les fonctionnaires de

l'Intendance peuvent accepter définitivement, au nom
du Ministre, et séance tenante, les résultats des adjudications des fournitures de denrées par marchés de
livraison, ainsi que les marchés qui auront été passés
de gré à gré, dans le délai de quarante-huit heures,
suivant une adjudication demeurée infructueuse en tout
ou en partie. (Circ. du 7 Avril 1883, *Journ. milit.*,
p. 361.)

Lorsque les circonstances de force majeure ont mis
un Intendant ou un Sous-Intendant dans l'obligation
d'accepter ou d'approuver un marché de gré à gré,
pour l'exécution d'un service, sans avoir reçu ou sans
pouvoir attendre l'approbation de l'autorité supérieure,
ce marché n'en doit pas moins être considéré comme
définitif et exécutoire, par application de l'Art. 19
précité.

Ainsi, un fournisseur ne pourrait se refuser à exécuter
un marché, sous prétexte que l'autorisation ministérielle ferait défaut, si le fonctionnaire qui l'a consenti
approuve le marché, vu l'urgence, et lui notifie cette
décision. (Cons. d'État, 30 Mai 1879, Bonnot.).

Mais, en dehors de ces circonstances spéciales dont,
pour sauvegarder sa responsabilité, le fournisseur peut
et doit exiger qu'il soit fait mention dans la décision
approbative, nul ne peut exercer une action contre
l'État, à raison d'un marché non approuvé par le
Ministre. (Cons. d'État, 28 Juillet 1854, Olivet;
31 Janvier 1873, Favrichon-Dubois.)

L'approbation ministérielle est donc une condition
du marché; il n'y a pas situation égale dans le temps

qui sépare le marché de l'approbation, le fournisseur
est lié, tandis que l'État ne l'est pas.

L'approbation du Ministre doit d'ailleurs être expresse, ce qui ne veut pas dire formelle. (Cons. d'État,
21 Mai 1867, Véniard.)

Elle ne saurait être remplacée par les circonstances
qui ont pu donner à penser au traitant que son marché
était devenu définitif. (Cons. d'État, 20 Juillet 1864,
Olivet ; 4 Juillet 1872, Martin.)

Mais il suffit qu'elle résulte avec évidence des actes
de l'Administration.

Le droit, pour le Ministre, d'accorder son approbation ou de la refuser est en principe absolu. L'appréciation des circonstances, qui peuvent déterminer le
Ministre à refuser son approbation à un Marché de
fournitures, n'est pas du ressort des Tribunaux administratifs ; il y a là de la part du Ministre un acte de
pure administration qui n'est pas susceptible de recours
au Conseil d'État par la voie contentieuse. (Cons.
d'État, 6 Décembre 1844, Cardon ; 17 Janvier 1849,
Cosse.)

Tant que les marchés passés au nom de l'État par
voie d'adjudication, par exemple, dans les formes que
nous examinerons plus loin, n'ont pas été approuvés,
le Ministre peut, sans tenir compte des adjudications
déjà tentées, ordonner qu'il sera procédé à une nouvelle adjudication.

D'ailleurs le fournisseur ne saurait être tenu de
rester indéfiniment à la discrétion du Ministre. La
notification tardive du refus d'approbation peut donc,

si elle a été cause d'un préjudice sérieux, fonder de sa part une demande d'indemnité. (Cons. d'État, 29 Juin 1870, Dufaure.)

C'est ainsi qu'il a été accordé indemnité à une Compagnie qui après avoir préparé, d'après les instructions du Ministre de la Marine, les plans, projets et études préliminaires pour la construction de silos dans les forts de Brest et de Cherbourg, avait reçu avis que la conclusion du marché était ajournée indéfiniment. (Cons. d'État, 10 Juin 1868, Société Doyère.)

Bien plus, si la décision définitive se fait attendre trop longtemps, le fournisseur peut demander, par la voie contentieuse, que le marché soit déclaré non avenu, ou qu'un délai soit imparti au Ministre pour faire connaître son autorisation ou son refus.

Sans doute, enfin, le Ministre est parfaitement libre de donner une approbation conditionnelle et d'approuver le marché en le modifiant. Mais le concours des volontés, indispensable à l'existence de toute convention, n'existe plus. Une convention nouvelle a été substituée à la première et l'adhésion du traitant, seule, peut la convertir en marché définitif.

§.

Les formalités à suivre dans les marchés font l'objet du Décret du 18 Novembre 1882, dont l'Art. 29 a abrogé l'Ordonnance du 4 Décembre 1836 et les Art. 68 à 81 du Décret du 31 Mai 1862 réglementant antérieurement la matière.

Il résulte du Décret du 18 Novembre 1882 que les

marchés peuvent être passés soit par voie d'adjudication publique, soit de gré à gré.

Dans les cas prévus par l'Art. 22 du Décret, des achats sur simple facture, aux prix-courants du commerce, peuvent être opérés par les comptables des services qui reçoivent, dans ce but, des avances de fonds.

§.

En principe, « les Marchés de travaux, fournitures » ou transports au compte de l'État sont faits avec » concurrence et publicité. » (Décret précité, Art. 1).

Beaucoup pensent que l'adjudication est une précaution indispensable contre les prévarications possibles. Cette opinion est très discutable. Pratiquement, il faut reconnaître que le mode de passation des marchés par adjudication publique et qu'imposent, en principe, nos règlements, met l'Administration dans une situation très défavorable.

Un commerçant avisé observe les fluctuations des cours, et saisit les occasions favorables ; il provoque la concurrence, mais il se garde bien de mettre les concurrents en présence et de faciliter ainsi leur coalition contre lui. Il ne dit pas : Je traiterai tel jour, à telle heure ; ce qui ferait connaître ses besoins et grossirait les prétentions des vendeurs. Il montre, au contraire, peu d'empressement à acheter, sauf à se décider promptement quand l'occasion se présente.

L'Administration ne peut opérer ainsi, et c'est pourquoi elle achète généralement assez cher, bien qu'étant le client le plus sûr et le plus solvable. Mais elle trouve dans les adjudications publiques un abri contre les soupçons injustes et malveillants, et dans l'état actuel de nos mœurs publiques, il est vrai de dire que l'adjudication est « un mal nécessaire. »

§.

Les cas dans lesquels les marchés sont exceptionnellement passés de gré à gré, sont indiqués par l'Art. 18 du Décret de 1882.

Quelle est la sanction de l'Art. 18 du Décret du 18 Novembre 1882 ?

Supposons qu'un marché ait été passé de gré à gré, alors qu'il aurait dû faire l'objet d'une adjudication publique.

Ce marché est-il frappé d'une nullité d'ordre public opposable par tous les intéressés ? Est-il simplement susceptible d'être annulé dans l'intérêt de l'État ?

Constitue-t-il, au contraire, une convention valable dont la nullité ne peut être poursuivie par aucune des parties contractantes ?

Cette dernière opinion a prévalu en jurisprudence. Le Conseil d'État a décidé que le contrat doit être respecté par le fournisseur (Cons. d'État, 4 Juillet 1873, Lefort ; 14 Juillet 1876, Dumortier ; 18 Janvier 1878, Cⁱᵉ du Gaz de Vazemmes), comme par le Ministre. (Cons. d'État, 18 Mai 1877, Dalloz.)

L'État — suivant l'expression de M. Thiers — doit toujours être réputé « honnête homme », et le fournisseur qui a traité avec un Ministre, représentant responsable de l'État, doit être fondé à considérer son contrat comme sérieux.

L'interdiction des marchés de gré à gré n'est prononcée que dans l'intérêt de l'Administration, et dès lors, il appartient à l'autorité supérieure d'apprécier les circonstances qui peuvent rendre nécessaires des dérogations à la règle générale.

Le Ministre ou le fonctionnaire peut ainsi engager sa responsabilité morale et politique, mais aucun droit particulier n'est violé.

SECTION II. — De la passation des marchés.

L'adjudication est un appel à la concurrence avec promesse de traiter avec le *moins disant*, c'est-à-dire avec celui qui fera les offres les plus avantageuses pour l'État. Les autorités chargées d'y procéder constituent des Commissions d'adjudication, dont la composition est déterminée pour les adjudications publiques dans les divers services de l'*Administration de la Guerre*, par l'Art. 3 de « *l'Instruction ministérielle du 31 Juillet 1889 (Bull. off.*, p. 301), *pour les adjudications publiques dans les divers services de l'Administration de la Guerre, sauf pour les marchés de travaux de constructions militaires.* »

L'adjudication est annoncée *vingt jours* au moins à l'avance par la voie des affiches, des journaux et tous autres moyens ordinaires de publicité. Cet avis fait connaître la nature des achats ou des travaux, le lieu et le jour fixés pour l'adjudication, et le lieu où l'on peut prendre connaissance du cahier des charges.

Le cahier des charges, mentionnant les conditions de l'entreprise est ainsi mis, avant l'adjudication, à la disposition des candidats, qui peuvent en prendre connaissance. Aussi l'adjudicataire ne pourrait-il exciper d'une erreur de copie ou d'impression dans l'exemplaire qui lui est remis, pour se soustraire aux obligations de son marché. (Cons. d'État, 7 Juillet 1876, Legrand.)

Le cahier des charges, une fois arrêté ou approuvé par le Ministre, ne peut d'ailleurs être modifié que par lui.

Les indications contraires aux dispositions de ce document qui seraient données, soit avant l'adjudication, soit même en séance, par le Président de la Commission ou par le fonctionnaire du service intéressé, ne lieraient pas le Ministre et laisseraient pleines et entières les obligations de l'entrepreneur. (Cons. d'État, 20 Janvier 1859, Léon ; 11 Décembre 1874, Legrand.)

En principe, le concours est absolument libre ; néanmoins, il peut être restreint à des personnes préalablement reconnues capables et présentant certaines garanties spéciales.

Dans ce dernier cas, la Commission d'adjudication, en séance préparatoire, statue sur l'admission des personnes qui ont déclaré avoir l'intention de soumissionner. (Instruction précitée, Art. 2.)

Le Conseil d'État a été saisi, plus d'une fois, du

recours formé par un fournisseur en l'absence de toute
adjudication contre les instructions par lesquelles un
Ministre ordonnait de ne jamais l'admettre aux adjudications. Ce recours a été rejeté comme ayant pour
objet de simples instructions, données par un supérieur
à son inférieur et ne pouvant créer une incapacité au
préjudice du réclamant. (Cons. d'État, 16 Août 1859,
Didier; 8 Février 1864, Corre.)

Mais ce Conseil d'État a décidé, en conséquence,
qu'il y avait lieu d'annuler l'acte faisant application
des instructions au fournisseur, c'est-à-dire l'adjudication tranchée à son exclusion. (Cons. d'État, 14 Décembre 1837, Dabbadie.)

On ne doit pas oublier d'ailleurs que toute adjudication reste subordonnée à l'approbation ministérielle, ce qui, en définitive, laisse le dernier mot à
l'Administration, toutes les fois qu'elle a des motifs
d'exclusion sérieux.

Au jour fixé pour l'adjudication, la Commission se
réunit au lieu indiqué, habituellement à la Mairie. Le
Président rappelle le but de l'opération, et donne à
ce sujet toutes les explications utiles. Il dépose osten-
siblement sur le bureau un pli cacheté contenant le
prix limite arrêté par le Ministre. L'importance du
prix limite est facile à saisir. Il fallait éviter que l'on
fût obligé d'adjuger une fourniture, quels que fussent
les prix offerts; car l'on aurait risqué de payer beaucoup trop cher et de subir les prix qu'une coalition
de soumissionnaires aurait élevés arbitrairement. Le
Ministre se renseigne donc à l'avance sur les prix

probables, au moyen d'indications fournies par les autorités locales, et il fixe un prix au-dessus duquel aucune offre ne pourra être acceptée, mais il ne fixe pas, comme en matière de travaux publics, des limites, au-dessous desquelles les offres ne sont pas acceptées.

Ce prix limite est adressé au Président de la Commission, à l'avance et sous pli cacheté, qui ne doit être ouvert qu'en séance et communiqué seulement aux Membres de la Commission d'adjudication.

Les soumissionnaires sont invités à déposer leurs soumissions *cachetées*, et après un délai qu'il fixe, le Président les ouvre, les lit à haute voix et les enregistre, après s'être assuré, toutefois, qu'elles sont accompagnées des pièces prescrites.

Il ouvre ensuite le prix limité et en donne connaissance aux Membres de la Commission, en les prévenant que ce prix doit rester secret. Enfin, le Président proclame adjudicataires les personnes qui, dans les limites des fournitures demandées, ont offert les prix les plus avantageux, n'étant pas d'ailleurs supérieurs au prix limite.

A égalité de rabais entre une soumission d'entrepreneur ou fournisseur et une soumission de Société d'ouvriers, cette dernière est préférée. (Art. 5 du Décret du 4 Juin 1888, « fixant les conditions exigées des Sociétés d'ouvriers français, pour pouvoir soumissionner les travaux ou fournitures faisant l'objet des adjudications de l'État.»)

Un procès-verbal, rédigé séance tenante, constate toutes les circonstances de l'opération ; il est signé par les Membres de la Commission et par les adjudicataires.

Un marché est ensuite établi pour chaque adjudicataire, signé par ce dernier et par le Sous-Intendant.

A moins d'instruction contraire, ainsi qu'il a été déjà dit, le résultat des adjudications n'est définitif qu'après approbation ministérielle, qui seule rend le marché exécutoire.

Quelquefois des *dépôts de garantie ou cautionnements provisoires* sont exigés des soumissionnaires.

On appelle ainsi un dépôt provisoire de valeurs, destinées à servir de garantie pour l'exécution d'un marché, pour la réalisation ultérieure du cautionnement, et qui demeureraient acquises à l'État si la personne déclarée adjudicataire refusait de signer son marché.

§.

L'Instruction ministérielle du 31 Juillet 1889 prévoit et réglemente *l'adjudication sur concours d'échantillons et de prix.* (Art. 31.)

Ce mode d'achat, qui tient également compte du prix et de la qualité des objets offerts, offre pour l'Administration des avantages sérieux.

Trop souvent, l'Administration sacrifie à ce que l'on pourrait appeler la *manie du bon marché;* la bonne qualité des denrées ou des effets, outre qu'elle procure le bien-être des administrés, constitue presque toujours la véritable économie; car elle diminue les frais d'entretien et de manutention, elle économise

les transports qu'exigent de trop fréquents renouvelle-
ments, elle réduit, enfin, la proportion des faux-frais
inhérents à toute entreprise et qu'il faut toujours payer,
quelle que soit la qualité des objets achetés.

L'Instruction ministérielle trace ainsi les règles à
suivre pour ce mode d'adjudication.

Chaque soumissionnaire dépose un échantillon auquel la Commission assigne à huis clos, un *coefficient
gradué*, en raison de sa qualité. Puis, le classement
des offres est fait en séance publique, en combinant
les prix offerts avec les coefficients attribués aux
échantillons. Ainsi, soit c le coefficient et p le prix
offert : la préférence sera accordée à l'échantillon pour
lequel le quotient $\frac{c}{p}$ sera le plus élevé.

§.

L'Administration ayant eu recours à l'adjudication
publique, il peut se faire que les règles établies par
la législation et le cahier des charges n'aient pas été
observées. En ce cas, et après l'approbation ministérielle, l'annulation de l'adjudication peut-elle être
demandée par la voie contentieuse ? Si oui, à qui et
pour quelles irrégularités un recours est-il ouvert ?
Quelle est la nature de ce recours ?

Ces questions ont donné lieu à de nombreuses
discussions et controverses.

A. — Recevabilité du recours de l'État.

Aucun délai irritant n'est imparti au Ministre pour
approuver l'adjudication : il a donc tout le temps et

toutes les facilités nécessaires pour se renseigner sur la manière dont les formalités requises ont été observées. Lorsque des irrégularités ont été commises, deux hypothèses sont dès lors à envisager :

1° Le Ministre a eu connaissance des irrégularités commises ou tout au moins pouvait en avoir connaissance ;

2° Le Ministre n'a pu avoir connaissance de ces irrégularités: des manœuvres frauduleuses par exemple ont été pratiquées pour empêcher qu'il ne fût renseigné.

Dans le premier cas, il paraît inadmissible que le Ministre puisse revenir sur son adhésion formelle, après avoir approuvé l'adjudication, et exciper de vices de formes, dont il n'a point voulu antérieurement tenir compte, pour faire prononcer arbitrairement la résiliation du marché.

Le Conseil d'État refuse à l'Administration le droit de se fonder sur l'irrégularité de l'adjudication, pour en demander l'annulation. (Cons. d'État, 18 Mai 1877, Dalloz.)

D'après sa décision, les dispositions réglementaires qui portent que, sauf dans certains cas d'exception déterminés, les marchés passés au nom de l'État doivent être faits avec concurrence et publicité ne sont pas d'ordre public, et leur inobservation ne peut être invoquée par l'État vis-à-vis du tiers qui a contracté avec lui, comme une cause de nullité du contrat.

Dans le second cas, des motifs sérieux militent en faveur de la recevabilité du recours, les formalités qui entourent l'adjudication étant principalement prescrites dans le but de protéger les intérêts de l'État et la dignité des administrateurs.

B. — Recevabilité du recours de l'adjudicataire.

De même l'adjudicataire ne serait pas fondé à demander l'annulation de l'adjudication pour irrégularités. Les offres de sa soumission ont été acceptées ; il ne peut dès lors valablement se plaindre de vices de forme qui ont peut-être eu pour conséquence d'écarter à son profit ses concurrents.

C. — Recevabilité du recours des soumissionnaires évincés.

Trois systèmes ont été soutenus sur les droits des soumissionnaires évincés dans une adjudication.

1er Système. — L'entrepreneur qui se présente à une adjudication n'a aucun droit contre l'Administration tant qu'il n'a pas été déclaré adjudicataire et tant que l'adjudication n'a pas été approuvée par l'Autorité compétente.

Le Conseil d'État a jugé en ce sens que l'entrepreneur qui s'est présenté à une adjudication est non recevable à se pourvoir devant le Conseil d'État contre la décision ministérielle qui a déclaré adjudicataire un autre soumissionnaire, alors qu'il prétend que ce soumissionnaire devait être exclu de l'adjudication comme n'ayant pas fait les productions exigées par le cahier des charges, telles que celles d'un certificat de capacité, cette formalité étant prescrite dans l'intérêt exclusif de l'Administration. (Cons. d'État, 29 Novemb. 1866, Gris).

Ce système n'est pas juridique : sans doute, le principe en vertu duquel les entreprises de travaux ou de fournitures qui intéressent l'État, les départements ou les communes doivent être adjugées avec concurrence et publicité, sauf dans certains cas déterminés par la législation, a été établi pour sauvegarder les intérêts du public et la dignité des administrateurs. Mais il ne suit nullement de là que les concurrents qui se présentent à une adjudication n'aient pas un intérêt personnel — suffisant pour motiver un pourvoi — à obtenir la stricte observation des formes de l'adjudication.

2me Système. — Tous les concurrents qui se présentent à une adjudication doivent être placés sur le pied d'une égalité complète, et la violation d'une des formalités *quelconques* de l'adjudication constitue une cause de nullité que tous les soumissionnaires peuvent invoquer. Un recours est ouvert à tous les soumissionnaires évincés et non pas seulement à celui qui a le plus approché du succès, car si le recours aboutit, l'adjudication est annulée ; tout est à recommencer et chacun a intérêt à agir. Le Conseil d'État ne pourrait nommer un nouvel adjudicataire : le recours ouvert est un recours pour excès de pouvoirs.

Ce système est rationnel et s'appuie sur des raisons d'une logique manifeste.

Les concurrents sont appelés par les affiches à

4

prendre part à l'adjudication ; ils font des démarches, des études, ils préparent des capitaux, ils déposent des cautionnements. L'Administration ne peut pas, après les avoir détournés de leurs affaires en leur annonçant qu'elle suivra certaines formes pour les adjudications, violer elle-même ces formalités. Lors donc que l'Administration a appelé les concurrents à l'adjudication, lorsqu'elle a formulé les conditions du concours, elle prend envers tous l'obligation d'observer les formes prescrites et de donner la préférence à celui d'entre eux qui présentera le plus fort rabais en réunissant d'ailleurs toutes les conditions requises.

Le Conseil d'État a plusieurs fois admis qu'il y aurait lieu de déclarer nulles des adjudications dans lesquelles l'Administration aurait dispensé un concurrent des obligations onéreuses qu'elle imposait à d'autres ; par exemple, le dépôt préalable d'un cautionnement. (Cons. d'État, 28 Juillet 1851, Martin ; 9 Janvier 1868, Servat.)

3ᵐᵉ Système. — La jurisprudence récente du Conseil d'État subordonne la recevabilité du recours pour excès de pouvoirs à la nature des irrégularités sur lesquelles se fonde le réclamant. En principe, le Conseil d'État refuse le droit d'action au soumissionnaire évincé ; mais il admet que ce dernier peut réclamer si l'égalité entre les concurrents n'a pas été maintenue. Il estime que l'atteinte portée par l'Administration au principe de la libre concurrence suffit à ouvrir un recours contentieux pour excès de pouvoirs au soumissionnaire. (Cons. d'État, 1ᵉʳ Juillet 1887, Boutry.)

Ce système est satisfaisant : d'une part, il tient compte, dans une sage mesure, des intérêts des soumissionnaires ; d'autre part, il restreint le nombre des causes d'annulation des adjudications, dont le maintien est si utile à la bonne et rapide exécution des travaux et services publics.

D. — Recevabilité du recours de tiers non soumissionnaires.

Dans un Arrêt rendu le 27 Juin 1884 (Société des tramways à vapeur de Cochinchine), le Conseil d'État a déclaré le tiers qui n'a pas pris part à une adjudication, irrecevable à contester la validité de cette adjudication.

On ne pourrait justifier la jurisprudence du Conseil d'État, en donnant la raison : « Pas de droits acquis », car le recours pour excès de pouvoirs suppose simplement un intérêt et n'exige pas un droit lésé. Si le Conseil d'État a repoussé la demande du tiers non soumissionnaire, c'est uniquement parce qu'il a estimé que dans l'espèce son intérêt n'était pas suffisant.

Des considérations qui précèdent, il résulte qu'on ne peut formuler de règle générale sur la recevabilité du recours du tiers non soumissionnaire, la question de savoir si son intérêt est ou n'est pas suffisant étant une question de fait qui rentre dans le souverain pouvoir d'appréciation du juge.

§.

Les marchés de gré à gré sont passés par les Ministres ou par les fonctionnaires qu'ils ont délégués à cet effet.

Ils ont lieu :

1° Soit sur un engagement souscrit à la suite du cahier des charges ;

2° Soit sur une soumission souscrite par celui qui propose de traiter ;

3° Soit sur correspondance, suivant les usages du commerce.

Tout marché de gré à gré doit rappeler celui des paragraphes de l'Art. 18 du Décret du 8 Novembre 1882, dont il est fait application. Les marchés passés par les délégués du Ministre sont subordonnés à son approbation, si ce n'est dans le cas de force majeure ou sauf les dispositions particulières à certains services et les exceptions spécialement autorisées.

Les cas de force majeure ou les autorisations spéciales doivent être relatés dans lesdits marchés. (Décret, 18 Novembre 1882, Art. 19.)

Les marchés de gré à gré ont l'inconvénient d'engager la responsabilité des fonctionnaires et de prêter à suspicion ; mais ils sont favorables au secret, et, par suite, ils n'influencent pas les cours ; ils permettent de profiter des occasions passagères, et, sous ce rapport, ils sont presque toujours économiques ; enfin, ils sont seuls praticables à la Guerre.

Un mode particulier du marché de gré à gré est le marché *par concours,* qui se rapproche, en quelques points, de l'adjudication.

Dans ce système, la publicité est limitée et la concurrence établie seulement entre quelques négociants choisis par l'Administration ; on reçoit leurs offres et l'on choisit librement entre les concurrents, sans être lié par les prix offerts et en ne se laissant guider que par le bien du service.

Dans le cas où l'Administration militaire, tout en provoquant les industriels par la publicité donnée à un programme, à faire connaître les conditions auxquelles ils s'engageraient à effectuer des fournitures, s'est réservée la faculté de traiter avec celui qui lui offrirait ses meilleures garanties, le marché n'a pas le caractère d'une adjudication, et, par suite, aucun des soumissionnaires évincés n'est recevable à soutenir que ce marché a été conclu en violation de ses droits et qu'il a ouvert en sa faveur droit à une indemnité. (Cons. d'État, 8 Août 1882, Lauvin Schraen.)

§,

Aux termes de l'Art. 28 du Décret du 18 Novembre 1882 : « Art. 18......... A partir de l'ordre de mobi-
» lisation, les dispositions du présent Décret cessent
» d'être obligatoires pour les départements de la Guerre
» et de la Marine. »

§.

L'Art. 412, Cod. pén., punit les atteintes portées à la liberté des enchères. Cet article s'applique évidemment aux adjudications de fournitures de l'État. Est donc passible d'un emprisonnement de quinze jours à trois mois et d'une amende de 100 à 5,000 fr., quiconque entrave ou trouble la liberté des enchères ou des soumissions par voies de fait, violences ou menaces.

Sont passibles des mêmes peines, tous ceux qui écartent les surenchérisseurs par dons ou promesses.

SECTION III. — Garanties exigées des fournisseurs.

D'après l'Art. 4 du Décret du 18 Novembre 1882, les cahiers des charges doivent déterminer la nature et l'importance des garanties pécuniaires à produire par les soumissionnaires à titre de cautionnements provisoires, pour être admis aux adjudications ;.......... par les adjudicataires, à titre de cautionnements définitifs, pour répondre de leurs engagements. Ils déterminent également les autres garanties, telles que cautions personnelles et solidaires, affectations hypothécaires, dépôts de matières dans les magasins de l'État, qui peuvent être demandées, à titre exceptionnel, aux fournisseurs, pour l'exécution de leurs engagements. Enfin, ils déterminent l'action que l'Administration peut exercer sur ces garanties.

Les garanties pécuniaires peuvent, aux termes de l'Art. 5, consister au choix des soumissionnaires et adjudicataires : 1° En numéraire (portant intérêt à 3 p. %); 2° en rentes sur l'État et valeurs du Trésor au porteur ; 3° en rentes sur l'État, nominatives ou mixtes. D'après l'Art. 6, la valeur en capital des rentes à affecter aux cautionnements est calculée, pour les cautionnements provisoires, au cours moyen du jour de la veille du dépôt ; pour les cautionnements définitifs,

au cours moyen du jour de l'approbation de l'adjudication. Les bons du Trésor à l'échéance d'un an ou de
moins d'un an, sont acceptés pour le montant de leur
valeur en capital et intérêts. Les autres valeurs déposées
pour cautionnement sont calculées d'après le dernier
cours publié au *Journal Officiel*. Les Art. 7 à 12
règlent le mode de réalisation du cautionnement.

Le cautionnement ne sert pas toujours uniquement
à garantir l'État des condamnations qu'il pourrait
obtenir contre le fournisseur. Le cahier des charges
contient quelquefois une clause en vertu de laquelle
le cautionnement resterait acquis à l'État en cas
d'inexécution du contrat. L'État a alors droit à l'in-
tégralité du cautionnement sans avoir à justifier de
l'étendue du préjudice éprouvé. (Cons. d'État, 28 Juin
1853, Marcin.)

§.

Dans le département de la Guerre :

1° Il n'est pas exigé de cautionnement pour les
marchés dont l'importance est inférieure à 20,000 fr.
à l'intérieur et à 5,000 fr. en Algérie, sauf dans le cas
où l'Administration confie aux entrepreneurs des
matières ou objets pour l'exécution du marché.

L'importance du cautionnement est alors variable ;
il est fixé, au mieux des garanties de l'État, par le
service compétent ;

2° Pour les marchés d'une importance supérieure,
la soumission doit contenir l'engagement, si elle emporte l'adjudication, de fournir soit une caution

personnelle et solidaire, soit un cautionnement en numéraire, en valeurs ou en immeubles, calculé à raison du dixième du montant du service à exécuter. La personne présentée comme caution signe la soumission avec le soumissionnaire.

Dans les marchés concernant une fourniture, un service ou un travail dont le montant est déterminé par lesdits marchés, le cautionnement peut être, si l'adjudicataire le préfère, remplacé par la retenue du premier dixième du montant des marchés jusqu'au payement du solde.

En ce qui concerne les marchés par conversion, la remise des vieilles matières aux entrepreneurs ou fournisseurs donne lieu au dépôt d'un cautionnement d'une valeur égale à celle du maximum des vieilles matières qui se trouvent à la fois entre leurs mains. Quant à la fourniture de matières neuves, les règles précédentes sont applicables ; le fournisseur peut présenter une caution personnelle ou fournir un cautionnement, mais celui-ci peut descendre jusqu'au $1/20^{me}$ de la fourniture des matières neuves au lieu du $1/10^{me}$. Le cahier des charges fixe cette proportion.

De même, si la retenue sur le montant des premières factures doit tenir lieu de cautionnement ou de caution personnelle, cette retenue pourra être réduite dans la même proportion. (Instruction ministérielle, 31 Juillet 1889, Art. 7.)

Des dispositions spéciales existent en faveur des Sociétés d'ouvriers français. Aux termes de l'Art. 4 du Décret du 4 Juin 1888 :

« Art. 4. Les Sociétés d'ouvriers sont dispensées
» de fournir un cautionnement, lorsque le montant
» prévu des travaux ou fournitures faisant l'objet du
» marché ne dépasse pas cinquante mille francs. »

§.

Dans tous les marchés du département de la Guerre
qui comportent un cautionnement, une clause du
cahier des charges attribue à l'Administration le droit
de résiliation du marché sans indemnité, lorsque le
cautionnement n'est pas réalisé dans le délai fixé.

§.

La Loi du 4 Mars 1793, Art. 3, confère à l'État
une hypothèque sur les biens des fournisseurs et de
leurs cautions, hypothèque qui date du jour de l'acceptation du marché.

Bien que le Code Civil ne mentionne pas cette
hypothèque, les Tribunaux n'ont pas hésité à en reconnaître l'existence. Sans doute, la Loi du 2 Brumaire
an VII, a aboli l'ancien principe, attachant l'hypothèque aux actes des Notaires, auxquels la Loi de 1793
assimilait les actes administratifs. Mais la Loi de Brumaire et le Code Civil, lois générales et lois civiles,
ne peuvent être considérées comme ayant abrogé, sans
s'en expliquer, une loi spéciale et une loi de droit
public [1]. (Cass. civ., 12 Janvier 1835, D. P. 35, 1, 87;

---

[1] *Sic.* Perriquet. Les Contrats de l'État, N° 134.

3 Mai 1843, D. P. 43, 1, 267 ; Rej. civ., 9 Juin 1847, D. P. 53, 1, 306.)

L'hypothèque dont il s'agit n'est pas légale, mais conventionnelle. La Loi de 1793 s'exprime ainsi :

« Quoique les marchés avec les fournisseurs soient
» passés par des actes sous signature privée, la Nation
» aura, néanmoins, hypothèque sur les immeubles
» appartenant aux fournisseurs..... »

Et la Cour de Cassation a dit, en conséquence :

« Attendu que les lois anciennes faisaient résulter
» l'hypothèque des actes notariés ; que cette hypothèque
» était conventionnelle, en ce sens que la concession
» du droit hypothécaire était sous-entendue et réputée
» écrite dans l'acte notarié constitutif d'une obligation ;
» atttendu que le Décret du 4 Mars 1793 a eu pour
» but de donner aux marchés passés avec les Minis-
» tres par des actes sous-seings privés, la même force
» et le même effet que l'ancienne législation attribuait
» aux actes notariés ; ainsi, de ces marchés résulte
» une hypothèque conventionnelle, en ce sens que la
» constitution d'hypothèque est sous-entendue et réputée
» écrite dans lesdits marchés. » (Rej. civ., 9 Juin 1847, D. P. 53, 1, 306.)

Du caractère conventionnel de l'hypothèque, il faut conclure, d'abord, qu'elle est assujettie à l'inscription, comme l'intérêt général le demande et comme le supposent, au surplus, les Arrêts précités ; mais l'inscription donne satisfaction suffisante à la loi, en faisant connaître, à défaut d'une évaluation de la créance, le montant du prix de l'adjudication. (Arr. précité, 12 Janvier 1835.)

Il faut en conclure également que, si elle frappe tous les biens présents du fournisseur, elle reste étrangère à ceux qu'il acquiert postérieurement à l'acceptation de son marché.

SECTION IV. — Perceptions fiscales recouvrées à l'occasion des Marchés de fournitures.

Les Marchés de fournitures passés avec l'État donnent lieu à la perception de droits de timbre, de droits d'enregistrement, de droits de patente.

4. — Timbre.

Les soumissions qui contiennent les offres des entrepreneurs concourant à l'adjudication et les marchés ou adjudications, doivent être rédigés sur timbre, conformément à l'Art. 12 de la Loi du 13 Brumaire an VII.

Cependant, pour faciliter l'exécution de la loi, une décision du Ministre des Finances, en date du 30 Septembre 1830 — rappelée dans une circulaire du Ministre de la Guerre, du 22 Avril 1881, — a concédé : « Que les marchés et adjudications concernant l'Admi- » nistration militaire, qui ne peuvent avoir d'effet que » par l'approbation du Ministre de la Guerre, pourront » être rédigés sur papier non timbré, mais qu'après » cette approbation, ils devront être soumis au visa » pour valoir timbre, de même qu'à l'enregistrement, » aux frais de l'adjudicataire ». Ces dispositions sont applicables en temps de guerre comme en temps de paix.

L'Art. 6 de l'Instruction ministérielle du 31 Juillet 1889, précise que les soumissions doivent être établies sur papier timbré, sans que l'inobservation de cette règle puisse être un motif de rejet absolu, mais sous toutes réserves de l'intervention des agents du Ministre des Finances, auxquels sont communiqués le procès-verbal d'adjudication et les soumissions.

B. — Enregistrement.

Le procès-verbal d'adjudication ou le marché de gré à gré sont enregistrés à la diligence de l'Administration (Instr. minist., 31 Juillet 1889, Art. 13) qui fait l'avance des droits et les déduit sur le montant du premier mandat ordonnancé au profit du fournisseur.

Quotité des droits. — La Loi du 28 Avril 1816 (Art. 51, § 3) avait assujetti au droit de 1 p % « les » adjudications au rabais et marchés pour approvi- » sionnements et fournitures, dont le prix doit être » payé par le Trésor royal ou par les administrations » locales ou par des établissements publics. »

La Loi du 15 Mai 1818 avait disposé, dans son Article 73, que celles de ces adjudications dont le prix doit être payé directement ou indirectement par le Trésor public et les cautionnements relatifs à ces adjudications et marchés, ne seraient plus soumis qu'à un droit fixe d'enregistrement de 1 fr. Ce droit avait été élevé à 2 fr. par la Loi du 18 Mai 1850 (Art. 8).

Mais la Loi du 28 Février 1872, qui avait créé les

droits dits « fixes gradués » tenant à la fois du droit
fixe et du droit proportionnel, avait décidé, dans son
Article 1ᵉʳ, N° 9, qu'un droit gradué serait perçu sur
« les adjudications et marchés pour constructions,
» réparations, entretien, approvisionnements et four-
» nitures dont le prix doit être payé par le Trésor
» public » et le même Article ajoute : « L'Article 73
» de la Loi du 15 Mai 1818 est abrogé. »

Le taux de ce droit gradué était fixé, par l'Art. 2
de ladite Loi du 28 Février 1872, à 5 fr. pour les
sommes et valeurs de 5,000 fr. et au-dessous, 10 fr.
pour celles de 5,000 à 10,000 fr., 20 fr. pour celles
de 10,000 à 20,000 fr., et ensuite à raison de 20 fr.
pour chaque somme ou valeur de 20,000 fr. ou fraction
de 20,000 fr.

Mais la Loi des Finances du 28 Avril 1893 supprime
d'une manière générale le droit gradué, et le remplace
par un droit proportionnel :

« ART. 19. — Sont soumis au droit proportionnel
» les actes désignés dans l'Article 1ᵉʳ de la Loi du
» 28 Février 1872.

» Le droit sera liquidé sur les sommes ou valeurs
» actuellement passibles du droit fixe gradué.

» La quotité en est fixée à 0 fr. 15 c. p. % pour
» les partages et à 0 fr. 20 c. p. % pour les autres
» actes ».

En l'état donc de notre législation fiscale, les Marchés
de fournitures sont assujettis à un *droit proportionnel
de 0 fr. 20 c. p. %, auquel il faut ajouter la per-*

ception de deux décimes et demi en plus, ce qui fait monter le droit à 0 fr. 25 c. p. %.

Délai de paiement. — L'Article 78 de la Loi du 15 Mai 1818 avait maintenu la disposition de l'Article 51 de la Loi du 21 Avril 1816, en ces termes : « Demeurent assujettis au timbre et à l'enregistrement » sur la minute, dans le délai de vingt jours, confor- » mément aux lois existantes :

« 1° Les adjudications ou marchés de toute nature, » aux enchères, au rabais ou sur soumission ; 2° les » cautionnements relatifs à ces actes. »

Cet article est encore en vigueur.

Liquidation. — Si les sommes ou valeurs ne sont pas déterminées dans l'acte donnant lieu au droit proportionnel, les parties y suppléent avant l'enregistrement, par une déclaration estimative, certifiée et signée au pied de l'acte. (Art. 16, L. 22 Frimaire an VII ; Art. 2, L. 28 Févr. 1872.)

Les procès-verbaux d'adjudication de fournitures de fourrages à la ration sont accompagnés d'un document intitulé « État des fournitures annuelles adoptées » comme base de l'adjudication. »

La question s'est posée de savoir si les indications portées dans cet état devaient nécessairement servir de base à la perception ou si l'importance des fournitures pouvait être fixée par une déclaration estimative. Il a été reconnu que les chiffres de l'état avaient simplement pour but de donner une idée approximative des quantités à fournir, mais qu'ils n'exprimaient ni un maximum ni un minimum obligatoires : d'où il suit que l'entrepreneur doit être admis à souscrire la déclaration estimative prévue par l'Art. 2 de la Loi du 28 Février 1872.

Prescription. — Aux termes de l'Art. 61, § 1ᵉʳ de la Loi du 22 Frimaire an VII : « Il y a prescription » pour la demande de droits, savoir : 1° après deux » années à compter du jour de l'enregistrement, s'il » s'agit d'un droit non perçu sur une disposition par- » ticulière dans un acte, ou d'un supplément de per- » ception insuffisamment faite ou d'une fausse éva- » luation dans une déclaration et pour la constater par » voie d'expertise. Les parties seront également non » recevables après le même délai pour toute demande » en restitution de droits perçus. » Cette disposition a été complétée par la Loi du 16 Juin 1824, Art. 14.

Il a été jugé : 1° que cette prescription n'était pas opposable à une demande en supplément de droits relatifs à un Marché de fournitures dont l'importance était incertaine lors de la perception du droit et n'a été révélée que par l'exécution du marché. (Cass., 4 Avril 1864, s. 64, 1, 189 ; Trib. de Toulouse, 6 Août 1863, s. 65, 2, 50) ; 2° que cette même prescription court contre l'Administration, non du jour où l'acte a été présenté à la formalité de l'enregistrement, mais seu- lement du jour où les fournitures étant faites, l'Ad- ministration a été mise à même de reconnaître qu'elles ont été plus considérables que celles déclarées lors de l'enregistrement de l'acte d'adjudication. (23 Mai 1832, s. 32, 1, 395 ; 17 Avril 1833, s. 33, 1, 385 ; 27 Juillet 1853, s. 53, 1, 772.)

§.

Les cautions personnelles qui sont demandées aux entrepreneurs pour assurer l'exécution de leurs engagements, donnent lieu à la perception de droits d'enregistrement.

Sous l'empire de la Loi du 22 Frimaire an VII, les cautionnements fournis à l'État pour l'exécution des marchés dont le prix est payé par le Trésor, rentraient dans le droit commun ; ils rendaient exigibles le droit de 0 fr. 50 c. p. °/₀ établi par l'Art. 69, § 2, p. 8 de la Loi de Frimaire. Seulement quelques dispositions particulières avaient réduit le droit à 1 fr. fixe pour les cautionnements des adjudicataires concernant les Ministères de la Guerre, de la Marine, de l'Intérieur, les Haras, etc. La perception du droit proportionnelle n'avait été maintenue que pour les adjudications concernant les sous-traités, les cessions et subrogations de traités.

La Loi du 28 Avril 1816 n'avait rien changé à cet état de choses, car en portant à 1 p. °/₀ le droit dû sur les adjudications, dont le prix est payable par le Trésor (Art. 51, 3°), elle n'avait rien dit relativement aux cautionnements. Mais la Loi du 15 Mai 1818 est venue confirmer, d'une manière générale, les dispositions particulières et spéciales, en réduisant à 1 fr. fixe le droit à percevoir sur le cautionnement des adjudications ou marchés dont le prix doit être payé directement par le Trésor public.

La Loi du 28 Février 1872 (Art. 1er, 9°) a abrogé

l'Art. 73 de la Loi de 1818, et soumis les cautionnements relatifs aux adjudications et marchés dont le
prix est payé par le Trésor, au même droit gradué
auquel elle a assujetti les adjudications et marchés.

Le droit d'enregistrement, auquel est soumis le
cautionnement, se cumule d'ailleurs avec le droit
d'enregistrement auquel est assujetti le marché. En
conséquence, l'acte constatant un marché, dont le prix
doit être payé par l'État et un cautionnement de ce
marché par un tiers, donne lieu à deux droits — actuellement deux droits proportionnels, à l'époque du
jugement cité, deux droits gradués — applicables l'un
au marché, l'autre au cautionnement. (Tribunal, Seine,
8 Décembre 1876.)

D'ailleurs, lorsqu'un adjudicataire de travaux publics,
ou un fournisseur, qui est tenu par le cahier des
charges de fournir une caution, a fait agréer, au lieu
d'une caution, un associé solidaire, il n'est dû aucun
droit autre que celui d'adjudication. En cas d'engagement solidaire, malgré la pluralité des débiteurs, il
n'y a qu'une seule dette. On peut dire, avec l'Art. 58,
§ 1er, N° 30 de la Loi de Frimaire, que « les débiteurs
» solidaires ne seront comptés que pour une seule et
» même personne. » Donc la stipulation de solidarité
ne donne lieu à aucun droit particulier, indépendant
du droit encouru par la convention même.

§.

Dans ses dispositions sur les cautionnements, la
Loi de Frimaire a-t-elle compris la sûreté résultant de

l'affectation d'une somme à titre de gage, ou d'un immeuble à titre d'hypothèque ? L'affirmative est vraisemblable. En effet, la signification du mot cautionnement, en ce sens, était, depuis longtemps déjà, en l'an VII, établie dans le style des lois. Aussi la pratique administrative a constamment envisagé cette opération comme rentrant dans la classification du tarif.

Outre l'induction fournie par l'histoire, on peut encore tirer argument de l'Art. 68, § 1er, N° 16 de la Loi de Frimaire, qui tarife expressément « les certi-» fications de cautions et de cautionnement. » Caution dans l'usage, répond à l'engagement d'une tierce personne et cautionnement à l'engagement d'une chose [1].

Ainsi donc, étant donnée la terminologie adoptée par les lois fiscales, toutes les dispositions rapportées ci-dessus à l'occasion des cautionnements personnels s'appliquent aux cautionnements réels.

Toutefois il faut remarquer que l'Art. 69, § 2, N° 8 du 22 Frimaire an VII ne concerne que les caution-nements fournis par un tiers étrangers ; les sûretés données par l'un des contractants ne sont que l'acces-soire et le complément de la convention, et ne donnent pas ouverture à un droit particulier. (Pandectes Fran-çaises, V° Caution-Cautionnement, N° 1155.)

---

[1] Gabriel Demante. *Principes de l'Enregistrement*, tom. II, N° 467.

Par application de ces principes, l'affectation hypothécaire garantissant les engagements d'un fournisseur ne donne lieu à la perception d'un droit proportionnel que lorsqu'elle est consentie par un tiers.

Si l'affectation hypothécaire est consentie par le débiteur principal dans l'acte même d'obligation, elle ne donne lieu à aucun droit, parce qu'elle est une dépendance de l'engagement principal et que, d'après l'Art. 11 de la Loi du 22 Frimaire an VII, il n'est pas dû de droit particulier pour les dispositions qui dérivent les unes des autres.

L'affectation hypothécaire donnée par le débiteur lui-même par acte distinct de celui de l'obligation est affranchie du droit proportionnel, parce qu'elle n'est qu'un acte complémentaire de son engagement primitif. Mais elle donne ouverture au droit fixe de 3 fr., qui est le salaire de la formalité. (Pandectes Françaises. V° Affectation hypothécaire, N°s 32 et 38.)

De même, pour les cautionnements réalisés au moyen de rentes sur l'État, une distinction est à faire :

Si les rentes affectées au cautionnement sont la propriété des ajudicataires, l'acte qui le constate n'est que le complément du procès-verbal d'adjudication, sur lequel le droit proportionnel a déjà été perçu, et, à ce titre, il est soumis au droit fixe de 3 fr. Au contraire, si les rentes sont immatriculées au nom d'un tiers, l'acte est traité comme un cautionnement ordinaire et il est sujet au droit proportionnel. (Répertoire général de l'enregistrement. V° Cautionnement-Garantie, N° 306.)

D'ailleurs, lorsqu'il y a lieu à perception d'un droit proportionnel, ce droit proportionnel doit être perçu, non sur la valeur de l'objet constituant le cautionnement, mais sur le montant des obligations garanties, c'est-à-dire sur le montant de la déclaration estimative certifiée par le fournisseur. (Trib. Château-Gontier, 5 Avril 1828 et sur pourvoi; Civ. rej., 1er Février 1832, Dalloz, J. G. V° Enregistrement, Nos 1543 et 4491):

« Les cautionnements en numéraire, versés au Trésor,
» ont toujours été considérés, soit comme exempts de
» la formalité de l'enregistrement, s'ils sont fournis
» par le titulaire (L. Frim., Art. 70, § 3, N° 7), soit
» comme donnant ouverture à un droit fixe (aujour-
» d'hui 3 fr.), s'ils sont fournis par un tiers. (Décret du
» 22 Mars 1812, Art. 3). Ils échappent donc, dans
» tous les cas, au droit proportionnel. Bien que les
» textes cités ne soient peut-être pas absolument déter-
» minants, la pratique sur ce point est conforme à
» l'esprit général de la législation en cette matière.
» Comme le Trésor bénéficie des fonds de ces caution-
» nements, à cause du faible intérêt qu'il en sert, il
» serait peu digne de la loyauté de notre système finan-
» cier de percevoir, en outre, un impôt sur ces
» mêmes fonds [1]. »

§.

Enfin, aux termes de l'Art. 11 de la Loi du 22 Frimaire an VII:

---

[1] Demante, *opus citatum*, N° 472.

« Art. 11. — Mais lorsque dans un acte quelcon-
» que, soit civil, soit judiciaire ou extrajudiciaire, il
» y a plusieurs dispositions indépendantes ou ne déri-
» vant pas nécessairement les unes des autres, il est
» dû pour chacune d'elles, et selon son espèce, un
» droit particulier. La quotité en est déterminée par
» l'article de la présente, dans lequel la disposition se
» trouve classée ou auquel elle se rapporte. »

C. — Patentes.

Les fournisseurs, comme tous les autres industriels,
sont soumis à l'impôt de la patente. Le tarif qui règle
le droit auquel ils sont soumis, est compris dans le
tableau C annexé à la Loi du 15 Juillet 1880.

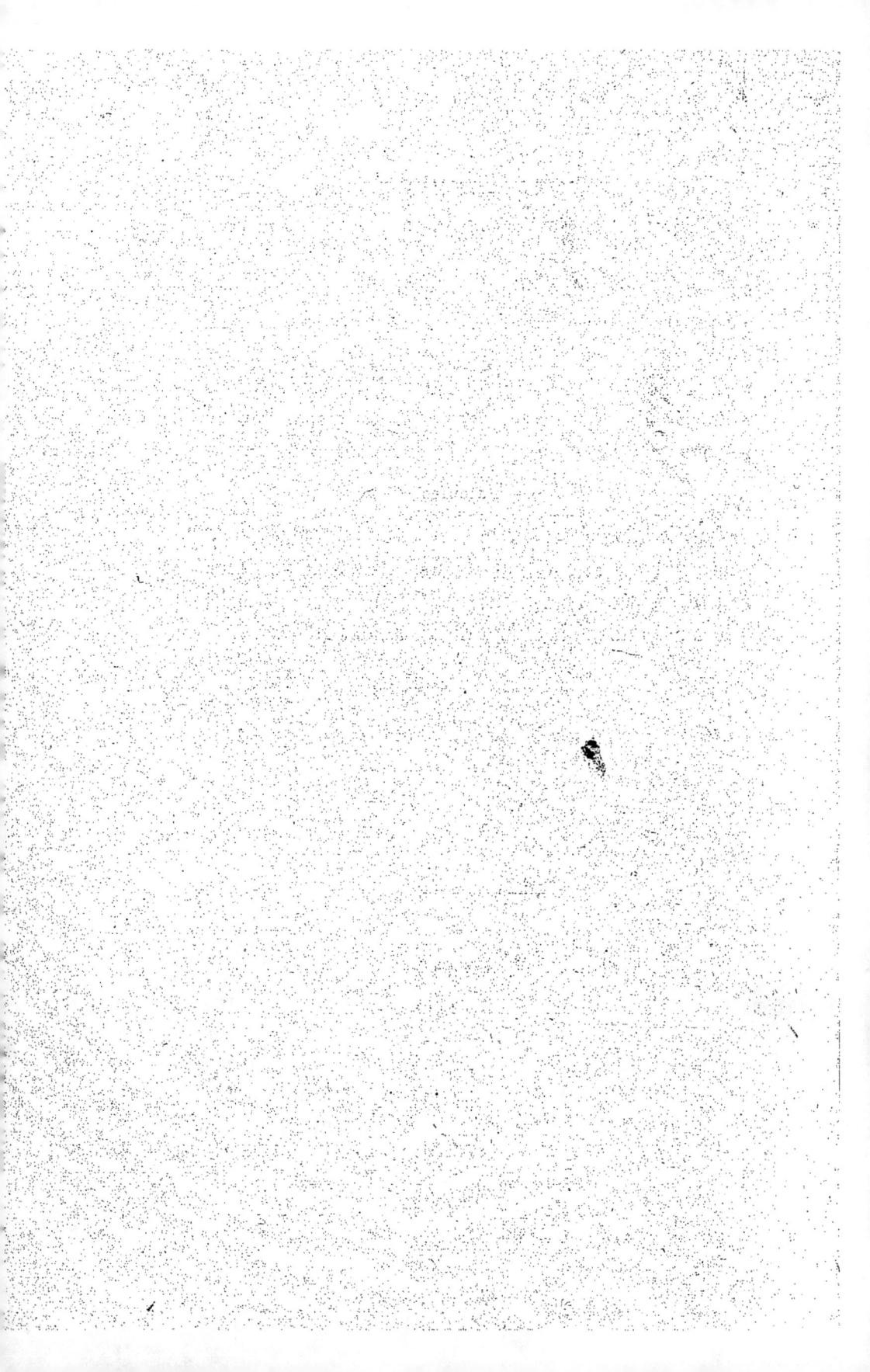

CHAPITRE III

Le Marché de fournitures et son cahier des charges forment un contrat réputé complet par lui-même ; pour son interprétation, on doit s'inspirer des règles générales des contrats, mais il ne faut point vouloir appliquer par analogie les règles des contrats spéciaux du droit civil ou du Code de Commerce qui présenteraient avec lui quelque parenté.

Ainsi donc, pour déterminer les effets d'un Marché de fournitures, il faut exclusivement se référer au cahier des charges, à moins qu'il ne résulte des circonstances que les parties ont entendu tacitement s'en rapporter à la loi ordinaire pour régler leurs obligations respectives.

Les cahiers des charges des marchés relatifs à l'achat des objets de consommation et autres nécessaires aux Services de l'État, entrent en général dans les détails les plus précis sur les effets du contrat qui se rapportent à la transmission de la propriété et à la question des risques.

Dans le silence du cahier des charges, on doit suivre les règles du droit commun en matière de Vente : c'est ce qui résulte des considérations développées ci-dessus sur l'interprétation des Marchés de fournitures. En effet, dans le silence du cahier des charges, le juge doit se reporter aux principes généraux qui régissent les conventions, principes généraux dont les articles, insérés dans le Code Civil au titre de la Vente et se rapportant à la transmission de la propriété et à la question des risques, ne sont que des applications et des conséquences. (Voir sur ce point, Guillouard, Traité de la Vente, tom. I, N°s 28 et suiv.)

Spécialement, lorsque les Marchés de fournitures se rapportent à des objets se vendant au poids, au compte ou à la mesure, la jurisprudence leur fait application de l'Art. 1585, C. Civ., en décidant que les fournitures restent aux risques du fournisseur, jusqu'à la livraison réelle ou la prise en charge par l'État. (Cons. d'État, 4 Août 1866, Dufils; 21 Mars 1873; Blin et Fontaine; 25 Juillet 1873, Bonnet.)

L'espèce de ce dernier Arrêt est intéressante : un sieur Bonnet s'était engagé à fournir à l'Administration de la Guerre 600 quintaux de blé; 300 de ces quintaux, dirigés par le fournisseur sur Besançon, avaient été pris par l'armée allemande à la gare de Dôle; le fournisseur pensait que l'Administration militaire, ayant mis à sa disposition une partie des sacs nécessaires au transport des blés, et ayant fait délivrer une réquisition pour ce transport, était devenue propriétaire des blés dont la perte devait, dès lors, être à sa charge. Malgré ces circonstances favorables, le Conseil d'État a rejeté la demande du sieur Bonnet, par ce motif qu'au moment où l'armée allemande s'était emparée de ces blés, l'Administration n'en avait pas encore pris livraison.

En sens inverse, le fournisseur, qui a transmis la propriété et les risques, ne reprend pas ces risques par cela seul qu'il se charge ensuite de transporter les objets vendus pour le compte de l'État. (Cons. d'État, 31 Mai 1855, Le Boyer ; 8 Août 1872, Straust.)

§.

L'Administration de la Guerre est puissamment armée — nous le verrons — contre les fournisseurs et dispose de nombreux moyens coercitifs pour les forcer à l'exécution de leurs engagements.

Parmi les obligations des fournisseurs, se trouve l'obligation de délivrance.

Quelles sont les conséquences du refus par l'Administration des fournitures, dont la qualité a été vérifiée dans les conditions prévues au cahier des charges?

La décision prise par l'Administration est immédiatement exécutoire; mais, nonobstant toute clause compromissoire insérée au cahier des charges, l'entrepreneur est recevable à recourir : au Ministre d'abord et ensuite au Conseil d'État. Celui-ci peut, non pas condamner l'Administration à reprendre les denrées refusées, mais allouer une indemnité au livrancier, s'il juge que le refus était mal fondé.

§.

La principale obligation de l'État comme de tout acheteur, consiste à payer le prix au jour et au lieu indiqués par le marché.

Le prix est, naturellement, celui qui a été fixé par le cahier des charges ou par tout acte modificatif du traité. Un tel acte ne peut émaner que du Ministre ou des fonctionnaires délégués pour traiter à sa place. Les modifications consenties par un Officier comptable, par exemple, n'ont aucune valeur. (Cons. d'État, 31 Janvier 1873, Favrichon; 11 Décembre 1874, Legrand; 24 Novembre 1876, Langlade.)

S'il n'a pas été fixé, le prix ne peut être que le prix courant du commerce. (Cons. d'État, 23 Mars 1870, Klein.)

Ce dernier Arrêt est relatif aux fournitures supplémentaires à l'égard desquelles aucun prix n'a été indiqué et qui doivent être considérées comme formant l'objet d'un marché nouveau, à moins cependant qu'elles ne soient prévues dans le marché et ne soient à considérer comme devant être faites au prix de ce marché. (Cons. d'État, 16 Février 1825, Éverling.)

Le fournisseur ne saurait réclamer une augmentation de prix à raison des circonstances qui ont pu rendre son marché moins avantageux qu'il n'espérait, pas plus qu'il ne pourrait subir une diminution dans le cas contraire.

Les circonstances dont il s'agit, favorables ou défavorables, constituent l'aléa du commerce et ont dû entrer dans les prévisions des parties. Par application de ces principes, il a été décidé qu'un supplément de prix n'était pas dû:

1° A l'entrepreneur d'un Marché de fournitures de souliers pour l'armée à raison de l'augmentation imprévue du prix de la matière première et des frais de production qu'avaient entraînés les événements de 1870. (Cons. d'État, 25 Avril 1873, Godillot);

2° A un fournisseur de viande pour les troupes à raison du renchérissement notable de la viande en cours d'exécution du marché, alors qu'il ne justifiait d'aucune convention par laquelle l'Administration se serait engagée à revenir sur les prix de ce marché. (Cons. d'État, 28 Janvier 1858, Médan);

3° A l'adjudicataire de la fourniture du chauffage et de l'éclairage des troupes, à raison de la suppression d'un chemin militaire, alors que la jouissance de ce chemin ne lui avait pas été garantie par le cahier des charges. (Cons. d'État, 24 Mai 1859, Éven.)

Lorsqu'un marché a été conclu à forfait, l'entrepreneur ne peut demander en supplément de prix à raison des circonstances mêmes imprévues (dans l'espèce, un changement de législation) qui auraient rendu le marché onéreux pour lui, mais qui n'ont pas eu pour effet de lui imposer des obligations autres que celles qu'il pouvait prévoir au moment du contrat. (Cons. d'État, 20 Avril 1877, Wittersheim; 25 Mai 1877, Laffitte.)

Les cahiers des charges renferment le plus souvent une clause relative aux modifications en cours de marché aux droits d'octroi ou de douane.

Les titulaires des marchés relatifs aux subsistances militaires sont soumis aux dispositions du règlement sur le service des subsistances militaires, en date du 26 Mai 1866. (Art. 134.)

Aux termes de l'Art. 135 de ce règlement « Art. 135.
» ......En cas de modifications dans ces droits (douane
» et octroi) survenues postérieurement à la passation
» du marché, les prix consentis sont augmentés ou
» diminués dans la proportion des modifications cons-
» tatées. »

Le Conseil d'État interprète cet article de la manière
suivante :

Le fournisseur de subsistances militaires, au marché
duquel s'appliquent les Art. 134 et 135 du règlement
du 26 Mai 1866, est recevable à réclamer une indemnité à raison de ce que, pendant l'exécution dudit
marché, il a été établi un droit de douane sur les
denrées de la nature de celles qu'il devait fournir.

Cette indemnité ne peut être accordée qu'à raison
des denrées acquises par le fournisseur postérieurement à l'établissement du droit de douane.

En ce qui concerne les denrées achetées à l'étranger,
l'indemnité doit consister dans le remboursement des
droits de douane que le fournisseur justifie avoir
acquittés.

Pour les denrées indigènes, elle ne consiste que
dans une allocation égale à l'augmentation du prix de
ces denrées qui a été la conséquence des droits de
douane dans chaque arrondissement de fourniture.
(Cons. d'État, 24 Mars 1893, Perrot; 24 Mars 1893,
Ménier.)

Lorsque les cahiers des charges sont muets à cet
égard, les droits de douane ou d'octroi sont présumés
avoir été compris dans le prix de la denrée.

L'entrepreneur ne peut exiger d'indemnité à raison de l'augmentation du droit, de même qu'il profitera seul, le cas échéant, de leur diminution. (Cons. d'État, 27 Novembre 1874, Letellier.)

Du principe que les stipulations des Marchés de fournitures doivent être strictement appliquées, il résulte, en effet, que l'entrepreneur ne peut, à moins de disposition contraire dans la loi ou dans le contrat, obtenir ni une indemnité ni une augmentation de prix sous le prétexte qu'un événement a rendu onéreuse l'exécution du marché.

Le prix du marché peut subir une diminution si la fourniture n'est pas conforme au type convenu. (Cons. d'État, 9 Avril 1873, Delhopital ; 20 Février 1874, Bourgeois) ; ou si, à défaut de type pouvant servir de terme de comparaison, elle est reconnue de mauvaise qualité.

Mais peu importe la bonne ou la mauvaise qualité, du moment qu'il y a conformité parfaite avec le type. (Mêmes Arrêts.)

En sens inverse et dans l'hypothèse *de modifications apportées volontairement* au contrat par l'Administration, le prix doit être augmenté à raison des faits donnant lieu à des dépenses que, d'après les termes ou l'esprit du cahier des charges, le fournisseur n'avait pas à supporter. Le Conseil d'État a fréquemment admis le principe de l'indemnité, lorsqu'il a reconnu que les modifications apportées dans le cours du marché aux conditions d'exécution n'avaient pu, en raison de leur importance, entrer dans les prévisions des parties, et qu'elles avaient altéré les conditions essentielles du marché. (Cons. d'État, 25 Avril 1873, Godillot ; 31 Mai 1878, Godillot ; 16 Juin 1876, Monthe.)

Au contraire, lorsque des circonstances indépendantes de la volonté de l'Administration entraînent des modifications inattendues pour l'exécution du marché, le Conseil d'État applique rigoureusement le cahier des charges et refuse toute indemnité au fournisseur. (Cons. d'État, 12 Août 1851, Heurtey ; 25 Mai 1877, Laffitte.)

§.

Il arrive fréquemment que l'Administration de la Guerre abandonne gratuitement la jouissance de locaux appartenant à l'État, à des entrepreneurs de fournitures, soit pour obtenir des conditions plus avantageuses, soit pour faciliter l'exécution des services.

Le cessionnaire est soumis vis-à-vis de l'État à toutes les obligations d'un locataire vis-à-vis de son propriétaire.

Le cahier des charges de l'entreprise lui impose en outre ordinairement l'obligation de faire assurer les bâtiments concédés contre l'incendie, la foudre et les recours des voisins, et renferme d'habitude les stipulations suivantes : « L'obligation de se faire assurer » imposée à l'entrepreneur ne dégage pas sa respon- » sabilité personnelle tant pour les risques locatifs » que pour le recours des voisins, et l'État conserve » son recours contre lui dans tous les cas. » (Voir notamment : le cahier des charges pour la fourniture des fourrages à la ration du 4 Septembre 1894. Art. 14 et annexe N° 2.)

« L'entrepreneur doit faire l'assurance, tant en son » nom qu'au nom de l'État, propriétaire de l'immeuble, » la Compagnie renonçant, ainsi, avec l'entrepreneur, » à se prévaloir des Art. 1733 et 1734 du Code Civil. »

Quels sont les effets de pareilles stipulations ?

Tout d'abord, le locataire assure-t-il valablement des objets appartenant à son propriétaire et dont il a la jouissance en vertu d'un bail ?

La validité de l'assurance contractée par le locataire n'est pas douteuse :

« Nous admettrions d'ailleurs dans tous les cas — » écrit M. de Lalande, Traité du Contrat d'assurance » contre l'incendie, N° 49, p. 33 — la validité du con- » trat, si le locataire était tenu, en vertu de son bail, » d'assurer l'immeuble ou les objets loués. En pareil » cas, il agirait en quelque sorte, comme mandataire, » et il pourrait être considéré comme le *negotiorum* » *gestor* du propriétaire : encore devrait-il faire con- » naître cette circonstance à l'assureur. »

Il est admis d'ailleurs, tant en doctrine qu'en juris- prudence, que lorsque le propriétaire a imposé au locataire l'obligation de faire assurer contre l'incendie l'immeuble loué, pour toute sa valeur et pendant la durée entière de la location, cette clause du bail doit être interprétée dans le sens d'une assurance géné- rale de tous les risques quelconques d'incendie. (Pan- dectes Françaises. V° Assurances contre l'incendie, N° 536.)

En pareil cas, le propriétaire a une action directe contre l'assureur avec lequel le locataire a traité. Le locataire, en effet, a agi en qualité de mandataire du propriétaire, auquel le bénéfice de l'assurance appartient comme s'il avait stipulé lui-même ; le sinistre survenant, le propriétaire devient créancier direct de l'assureur pour le montant de l'indemnité. (Nancy, 7 Février 1867, D. P. 67, 2, 74.)

En l'état de ces précisions, supposons qu'un sinistre se produise. Deux hypothèses sont à examiner :

1° La cause du sinistre est un cas fortuit ou une faute légère de l'entrepreneur ;

2° La cause du sinistre est une faute lourde ou un crime de l'entrepreneur.

1ʳᵉ Hypothèse. — *La cause du sinistre est un cas fortuit ou une faute légère de l'entrepreneur.*

En premier lieu, l'État a une action directe contre l'assureur.

Quelle sera la juridiction compétente ?

Le Conseil d'État admet que la compétence administrative établie par l'Art. 12 du Décret du 11 Juin 1806 doit être appliquée :

D'une part, à la prise en location, par un fournisseur de fourrages, d'un bâtiment de l'État destiné à les emmagasiner.

Le Conseil d'État considère, dans l'espèce, la location de l'immeuble comme un accessoire du contrat principal, et étend à cette clause accessoire la compé-

tence administrative. (Cons. d'État, 29 Novembre
1851, Luc, Rosa.)

D'autre part, au contrat d'assurances ayant pour
objet *de garantir un service public.* (Cons. d'État,
10 Août 1837. Garavini. Voir Supra, Chap. Ier,
Sect. 1, Nécessité d'un but déterminé. —D.)

Cette double précision démontre que la juridiction
administrative sera compétente pour connaître du
recours de l'État contre l'assureur.

D'ailleurs, l'entrepreneur doit faire l'assurance, tant
en son nom qu'au nom de l'État, propriétaire de l'immeuble, la Compagnie renonçant ainsi, avec l'entrepreneur, à se prévaloir des Art. 1733 et 1734 du
Code Civil.

Cette clause est insérée au cahier des charges dans
l'intérêt de l'État; son but évident est de maintenir la
solvabilité de l'entrepreneur et d'empêcher qu'un incendie venant à se réaliser, ledit entrepreneur puisse
se voir ruiné par l'exercice du recours que la Compagnie d'assurances viendrait à exercer contre eux,
dans les termes des Art. 1733 et 1734 du Code Civil.

La Compagnie qui, assurant le propriétaire et le
locataire, a renoncé à tout recours contre le locataire
en cas d'incendie, est sans droit pour réclamer au
locataire l'indemnité payée par elle au propriétaire.
(Trib. Brives, 31 Janvier 1883, *Journ. des assur.*,
1883, p. 172; Pandectes Françaises. V° Assurances
contre l'incendie, N° 536.)

L'entrepreneur de fourrages ne pourra donc pas

6

être actionné par la Compagnie en remboursement de l'indemnité payée à l'État.

Supposons maintenant que l'État ne se tourne pas contre l'assureur et actionne l'entrepreneur; celui-ci peut incontestablement exercer un recours en garantie contre la Compagnie d'assurances.

Mais ce recours en garantie ne peut être formé *incidemment* à l'action principale dirigée par l'État contre l'entrepreneur ; car, pour que le Tribunal saisi de la demande principale soit compétent pour statuer en matière de garantie, il faut que le Tribunal saisi de la demande principale soit compétent *ratione materiæ* pour statuer sur l'action en garantie, et la juridiction administrative n'est pas compétente pour connaître du recours exercé par le fournisseur contre l'assureur.

Le recours en garantie, du fournisseur contre l'assureur ne pourra donc pas être exercé, par voie incidente, devant le Conseil d'État. Il devra être exercé, par voie principale, devant la juridiction compétente.

2ᵐᵉ Hypothèse. — *La cause du sinistre est une faute lourde ou un crime de l'entrepreneur.*

L'assureur n'est-il pas en ce cas fondé à soutenir que l'action de l'État contre lui est irrecevable? Ne peut-il pas dire :

Entre la Compagnie d'assurances et l'entrepreneur est intervenu un contrat, constaté matériellement par une police unique, imposant à la Compagnie l'obligation de payer, en cas de sinistre, une somme représentative de tous les risques quelconques, somme sur laquelle l'État a des droits jusqu'à concurrence de la valeur des locaux incendiés et du montant des indemnités pouvant lui être réclamées par les voisins? Or, il est de principe que l'assureur n'est pas tenu de réparer les dommages d'un incendie volontairement allumé par l'assuré lui-même ou accasionné par la faute lourde de cet assuré. L'action de l'État est donc irrecevable.

Cette prétention de l'assureur ne saurait être accueillie. Le contrat intervenu entre la Compagnie d'assurances et l'entrepreneur réalise, en réalité, une *double* assurance:

1° L'État, propriétaire des immeubles cédés, est assuré, par les soins du fournisseur considéré comme son *mandataire*, contre l'incendie, contre la foudre et contre le recours des voisins;

2° Le fournisseur est assuré contre les pertes personnelles que lui occasionnerait un sinistre et contre le recours que l'État, son propriétaire, ou les voisins, pourraient exercer contre lui.

Pour l'État, le fournisseur est un tiers, de la faute ou des crimes duquel l'assureur est responsable. L'assureur est toujours responsable de la faute des tiers; elle équivaut, au regard de l'assuré, à un cas fortuit. Et cette solution s'applique même au cas où le sinistre aurait été causé par une personne ayant sur l'objet des droits communs avec l'assuré: ainsi, il a été décidé que la déchéance du droit à l'indemnité résultant, pour le mari, de ce qu'il a volontairement incendié les objets assurés, ne peut être opposée à la femme ; que celle-ci conserve le droit de réclamer la part qui lui revient dans l'indemnité d'assurance, la destruction de ces objets n'étant au regard de la femme « qu'un accident, un fait de force majeure. » (Nancy, 30 Mai 1856, aff. Comp^ie l'*Urbaine*, D. P. 56, 2, 252.)

Mais, en ce cas, l'assureur peut répéter les indemnités payées à l'État, contre le fournisseur, qui tombe sous les dispositions de l'Art. 1382 du Code Civil. (De Lalande, *opus citatum*, N° 762.)

L'État peut aussi actionner le fournisseur auquel, dans notre hypothèse, aucun recours contre l'assureur ne saurait être accordé.

CHAPITRE IV

A chacun des besoins matériels des hommes et des chevaux dont se compose l'armée a été appliqué un système particulier de satisfaction, formant un ensemble auquel on a donné le nom de *Service administratif*, chacun des services comprenant un personnel spécial, des locaux appropriés, un matériel particulier et des règles définies d'exécution.

Les procédés d'exécution des services varient nécessairement avec leurs buts spéciaux ; cependant, ils procèdent de principes généraux qu'il convient de dégager et de mettre en lumière.

Deux modes sont employés pour l'exécution des services, *la voie économique* ou *gestion directe* et *l'entreprise*.

Dans la *gestion directe*, un comptable reçoit de l'État tous ses moyens d'exécution et assure les différentes parties du service : conservation, manutention, transformation et distribution des objets et matières sans pouvoir prétendre à aucun bénéfice, mais aussi sans subir d'autres pertes que celles qui proviennent de sa négligence.

Dans le *système de l'entreprise*, on traite avec une personne pour l'exécution d'un service à des conditions fixées par un cahier des charges et un marché.

L'exposé des avantages et des inconvénients de chacun de ces systèmes sort du cadre de cette étude. Nous dirons seulement que l'entreprise, en temps de guerre, est condamnée par tous les écrivains militaires.

Elle n'a pas donné de bons résultats dans les guerres récentes. En 1877, le Gouvernement Russe, par l'intermédiaire de l'Intendant de l'Armée, passa un contrat pour l'approvisionnement de l'armée avec une société dirigée par trois financiers d'Odessa. Le Gouvernement s'engagea à payer à forfait pour l'entretien de l'Armée du Danube : 700,000 roubles par jour ; tout ce dont les troupes avaient besoin pour leur nourriture devait être livré là où se trouvaient les différents corps, sans que le Commandant en Chef ou les Commandants de Corps d'Armée fussent tenus de prévenir à l'avance des mouvements des troupes. Ce système ne réussit pas et il fallut l'abandonner promptement.

Nos règlements actuels repoussent le système de l'entreprise en temps de guerre.

Jusqu'à ces derniers temps cependant, le bétail nécessaire aux armées était procuré par des entrepreneurs avec lesquels il était passé dès les premiers jours de la mobilisation, des marchés par voie de concours restreint. Le Ministre de la Guerre a décidé récemment qu'il y avait lieu de renoncer à l'entreprise et de lui substituer la *gestion directe*.

Ceci posé, les moyens employés par l'Administration de la Guerre pour se procurer le matériel et les denrées nécessaires à l'exécution de ces différents services, sont : *en temps de paix*, les marchés, les achats sur simple facture, les achats sur place et les achats à commission, auxquels il faut ajouter, *en campagne*, les achats à caisse ouverte, les réquisitions, les prises sur l'ennemi et les cessions par des Puissances étrangères.

En ce qui concerne leur but et leur mode d'exécution, on distingue *les marchés* en *marchés de livraison, marchés de fourniture à long terme, marchés d'abonnement.*

Le Marché de livraison consiste dans l'engagement de livrer, dans des lieux fixés, une quantité de denrées, matières ou autres objets mobiliers dans des délais de temps ou à des époques déterminées.

L'exécution de ce marché nécessite une ou plusieurs livraisons ; de là son nom.

Le Marché de fournitures à long terme consiste dans l'engagement pris par un entrepreneur d'assurer complètement un service pendant un temps donné et quelle qu'en soit l'importance. Tels sont les marchés à la ration passés annuellement pour la fourniture du pain et des fourrages, le marché passé avec la Compagnie des lits militaires, etc., etc.

Le Marché d'abonnement consiste dans l'engagement pris d'exécuter complètement un service pendant un temps déterminé moyennant un prix fixe et invariable. Tels sont les marchés passés dans les corps de troupe avec les maîtres ouvriers.

Par le fait même de la signature d'un marché, le titulaire devient, pour un temps, *fournisseur* ou *entrepreneur* du Département de la Guerre.

Le fournisseur est le négociant qui s'est engagé à livrer une quantité déterminée de matières dans un délai fixé ; on l'appelle quelquefois *livrancier*. Le marché du fournisseur est toujours à bref délai, il est caractérisé par la détermination exacte des quantités à fournir.

L'entrepreneur est le négociant qui s'est chargé d'assurer complètement un service, pendant un temps déterminé, et quelle qu'en soit l'importance ; il ne connaît pas à l'avance les besoins à satisfaire, besoins qui peuvent varier chaque jour. Tel est le négociant qui, dans un département, se charge d'assurer les fourrages pour tous les chevaux des brigades de gendarmerie, des troupes de garnison ou de passage ; l'effectif des chevaux peut changer tous les jours.

On a renoncé à l'entreprise pour le temps de guerre ; on n'aura plus d'*entrepreneurs*. Ce n'est pas dire qu'on se passera de *fournisseurs ;* il n'y a ni commerçant, ni consommateur, qui puisse se dispenser d'en employer. « Le premier producteur d'une chose est toujours un fournisseur à l'égard de toute autre personne. » (Vigo-Roussillon.)

Nous allons énumérer les principaux marchés de fournitures passés par le Département de la Guerre pour la satisfaction en temps de paix des besoins matériels de l'armée.

Mais une remarque préliminaire est à faire :

Le Département de la Marine a publié en Juin 1870, un *cahier des clauses et conditions générales,* qui fait *partie intégrante* de tous les Marchés de fournitures passés par ce département. *Le cahier des charges spécial* à chaque marché précise l'objet du marché, et indique toutes les dérogations apportées aux clauses et conditions générales.

Le Département de la Guerre n'a pas publié de *cahier des clauses et conditions générales.* A l'occasion de chaque marché, est rédigé un cahier des charges spécial qui renferme toutes les conditions du marché, pour la connaissance et la discussion desquelles on n'est pas obligé de consulter un autre document dont les stipulations quelquefois perdues de vue par les rédacteurs du cahier des charges spécial risquent de devenir une cause de mécomptes pour l'Administration.

Une convention résultant de documents multiples, dont la combinaison est souvent difficultueuse, expose à beaucoup d'incertitudes. Dans le Département de la Guerre, on estime qu'il est préférable de se trouver en présence d'un contrat contenu dans un cahier des charges unique, formant un tout complet et se suffisant à lui-même.

Pourtant un cahier des clauses générales pour les fournitures ou travaux du service de l'habillement ou du campement, a été inséré le 16 Février 1895 au *Bulletin officiel.*

CHAPITRE IV

A. — Service des subsistances.

Le service des subsistances pourvoit en temps de paix, à l'alimentation des hommes de troupe (pour partie seulement) et à l'alimentation des chevaux.

Le service des subsistances est exécuté à l'entreprise ou en gestion directe.

Dans le premier cas, l'Administration passe des marchés à la ration qui embrassent l'achat, l'emmagasinement, la conservation, la transformation, le rationnement et la distribution des denrées aux parties prenantes, en un mot, l'exécution complète du du service.

Dans le deuxième cas, l'Administration ne passe marché que pour la fourniture des matières premières ; elle exécute tout le reste par ses agents, avec ses moyens propres.

Quelquefois aussi le service est assuré par l'emploi combiné des deux modes.

Gestion directe. — Les achats étaient autrefois confiés aux comptables eux-mêmes qui opéraient au mieux des intérêts de l'État et recevaient un droit de commission (2 p. °/₀, par exemple). Leur gestion avait ainsi un caractère semi-commercial qui dut nécessairement disparaître, lorsqu'en 1852 *ces comptables* acquirent la situation d'Officiers. Aussi, depuis cette époque, les achats furent-ils exclusivement effectués par voie d'adjudication publique.

Le « cahier des charges pour les fournitures de denrées à effectuer par Marchés de livraison dans les magasins des subsistances militaires », *en date du 30 Avril 1893*, sert actuellement de base aux adjudications; il indique les conditions d'exécution des Marchés de livraison et les obligations respectives de l'Administration et des fournitures.

Entreprise. — Les Marchés à la ration sont passés par adjudication publique.

Les arrondissements de fourniture sont composés conformément aux indications du tableau inséré dans l'affiche destinée à annoncer les adjudications au public.

Pour la fourniture des fourrages à la ration, le cahier des charges qui sert actuellement de base aux adjudications porte la date du 4 Septembre 1894. Il est inséré au *Bulletin officiel* du Ministère de la Guerre, partie supplémentaire, année 1894, 2me semestre.

Pour la fourniture et la fabrication de pain de troupe à la ration à l'intérieur, le cahier des charges qui sert actuellement de base aux adjudications porte la date du 19 Octobre 1894. Il est inséré au *Bulletin officiel* du Ministère de la Guerre, partie supplémentaire, année 1894, 2me semestre.

Le département de la Guerre est obligé de constituer et d'entretenir, en vue de la mobilisation, des réserves considérables. C'est un des plus difficiles problèmes d'administration militaire qu'il ait à résoudre. Plusieurs solutions ont été proposées, mais aucune d'elles n'est à l'abri des critiques. Pour ne pas immobiliser un capital énorme, que l'on serait obligé de se procurer

par la voie de l'emprunt, on emploie assez généralement maintenant le système des Magasins généraux.

Des approvisionnements de denrées étant à constituer et à entretenir sur un point déterminé du territoire, deux marchés sont passés, l'un avec un magasinier
général, l'autre avec un entrepreneur chargé de l'entretien des approvisionnements.

Les obligations et les droits du magasinier général
sont définis par le « cahier des charges pour l'établissement et l'exploitation de Magasins généraux dans
les magasins appartenant à l'Administration de la
Guerre », en date du 8 Août 1894.

Les obligations et les droits de l'entrepreneur chargé
de l'entretien sont indiqués par le « cahier des charges
pour l'entretien des approvisionnements de denrées
du service des subsistances militaires dans diverses
places du territoire », en date du 8 Août 1894.

B. — Service de l'habillement.

Les moyens employés par l'Administration de la
Guerre pour assurer l'habillement et l'équipement des
troupes présentent une assez grande diversité :

Tantôt elle achète elle-même les matières premières,
et les remet à un entrepreneur exclusivement chargé
de la confection des effets (habillement, coiffure);

Tantôt elle achète les effets tout confectionnés(grand
équipement, chaussure).

Le 27 Avril 1893, il a été procédé à Paris à l'adjudication publique de la fourniture des draps nécessaires aux troupes de l'armée de terre du 1er Janvier

1894 au 31 Décembre 1899, et, éventuellement, au 31 Décembre 1902, si le Ministre use du droit de prorogation de trois années, qu'il s'est réservé par le troisième paragraphe de l'Article 1er du cahier des charges du 2 Janvier 1893, régissant l'entreprise.

Ledit cahier des charges du 2 Janvier 1893 est inséré au *Bulletin officiel* du Ministère de la Guerre, partie supplémentaire, année 1893, 1er semestre.

Le 3 Mai 1893, il a été procédé à Paris à l'adjudication publique de la fourniture des toiles nécessaires au Service de l'habillement du 1er Janvier 1894 au 31 Décembre 1899, et, éventuellement, au 31 Décembre 1902, si le Ministre use du droit de prorogation de trois années, qu'il s'est réservé expressément par le deuxième paragraphe de l'Article 1er du cahier des charges régissant l'entreprise.

Ledit cahier des charges est inséré au *Bulletin officiel* du Ministère de la Guerre, partie supplémentaire, année 1893, 1er semestre.

Des marchés d'une durée de six années, du 1er Janvier 1894 au 31 Décembre 1899, ont été passés par l'Administration de la Guerre, pour la confection d'effets d'habillement et la fourniture d'effets de coiffure, de grand équipement et de chaussure, et des courroies d'ustensiles de campement. Au *Bulletin officiel* du Ministère de la Guerre, partie supplémentaire, année 1894, 1er semestre, a été inséré le cahier des charges réglant le fonctionnement des entreprises :

1° Pour la confection d'effets d'habillement ;

2° Pour la fourniture d'effets de coiffure, de grand

équipement et de chaussure, et des courroies d'ustensiles de campement.

Les deux catégories d'entreprises sont entièrement distinctes les unes des autres.

Chaque espèce d'entreprise est divisée en un certain nombre de lots. Chaque lot correspond à un arrondissement et fait l'objet d'un marché spécial.

Chaque entreprise aura une durée de six années consécutives du 1er Janvier 1894 au 31 Décembre 1899.

Enfin, un « cahier des charges générales pour les fournitures ou travaux du Service de l'habillement et du campement » portant la date du 10 Février 1895, a été inséré au *Bulletin officiel* du Ministère de la Guerre, partie supplémentaire, année 1895, 1er semestre.

Ce cahier des charges contient les clauses et les conditions générales relatives tant à la mise en adjudication qu'à l'exécution des fournitures et travaux du Service de l'habillement et du campement.

Les cahiers des charges spéciaux à chaque opération font connaître la nature, l'importance et la durée du service à entreprendre.

Chacun de ces cahiers des charges stipule les clauses et conditions particulières à l'opération qu'il concerne; il détermine en outre, le cas échéant, celles des dispositions du cahier des charges générales qui ne seraient pas applicables dans l'espèce, ou qui devraient être modifiées.

§.

Antérieurement, les corps de troupe achetaient directement les effets de petit équipement autres que la chaussure, et les effets ou accessoires d'habillement non compris dans les marchés généraux, tels que galons de grade ou d'ancienneté, équipement de tambours, clairons, etc. Pour parler le langage adopté, les corps de troupe achetaient directement *les effets de la deuxième portion.*

Mais le Ministre, par une circulaire en date du 2 Avril 1894, a décidé que la fourniture des effets et objets de la deuxième portion donnerait lieu dorénavant à une adjudication par Corps d'armée.

Cette opération est effectuée au chef-lieu du Corps d'armée. Le cahier des charges servant actuellement de base aux adjudications est celui, en date du 16 Mai 1895, inséré au *Bulletin officiel* du Ministère de la Guerre, année 1895, 1er semestre.

C. — Service de santé.

Un cahier des charges pour la fourniture des denrées, liquides, combustibles et objets de consommation à faire annuellement aux hôpitaux militaires, en date du 11 Juillet 1894, a été inséré au *Bulletin officiel* du Ministère de la Guerre, partie supplémentaire, année 1894, 2me semestre.

D. — Lits militaires.

Le Service des lits militaires est chargé de procurer aux militaires en station, logés dans les bâtiments dont le Ministre de la Guerre dispose, les effets de couchage et les objets d'ameublement qui ne sont pas fournis par le Service du Génie.

Ce service est chargé, en outre, de fournir les capotes

de sentinelles et les mobiliers de corps-de-garde dans tous les postes régulièrement établis.

Ce service est administré selon le mode de l'entreprise et d'après le règlement ministériel sur le couchage des troupes, en date du 30 Septembre 1886.

Deux entrepreneurs s'en partagent l'exécution : la Compagnie des lits militaires pour la France , et M. Levesque pour l'Afrique. Ils se sont engagés pour vingt ans à partir du 1er Avril 1887.

E. — Transports.

Le 15 Juillet 1891 est intervenu entre le Ministre Secrétaire d'État au Département de la Guerre, stipulant pour l'État, d'une part, et les sept grandes Compagnies de chemins de fer, d'autre part, un traité pour l'exécution des transports ordinaires du matériel de la Guerre.

Les sept Compagnies contractantes s'engagent à transporter dans toute l'étendue de la France continentale la totalité du matériel , des denrées et des approvisionnements appartenant au Département de la Guerre et qu'il aura à expédier en temps de paix, des magasins ou établissements de l'État ou des fournisseurs.

Le Ministre de la Guerre s'oblige de son côté, à remettre la totalité desdits transports aux Compagnies, sauf les exceptions prévues au traité.

Les conditions d'exécution sont indiquées au traité précité inséré au *Bulletin officiel* du Ministère de la Guerre, partie réglementaire, année 1891, 2me semestre.

CHAPITRE V

SECTION I. — De la compétence.

Ancien Droit. — Les questions qui intéressaient la liquidation des Marchés de fournitures étaient portées à l'origine devant la Cour des Aides; puis, peu à peu, elles furent attribuées par voie d'évocation, à une Commission du Conseil du Roi; celles qui avaient trait aux convois militaires et aux étapes furent successivement du ressort des Trésoriers de France, puis des Intendants, sauf appel au Conseil d'État. (Dareste, Justice administr., p. 64, 91, 134.)

Période révolutionnaire. — Sous la Constituante, les Tribunaux judiciaires furent d'abord déclarés compétents par la Loi des 20 Septembre, 14 Octobre 1791, Titre III, Art. 9.

Pour certains auteurs[1], la compétence des Tribunaux judiciaires en matière de Marchés de fournitures a été confirmée par la Loi de la Convention, en date des 4-9 Mars 1793.

Dans son « Traité de la Juridiction administrative », M. Laferrière a discuté les diverses questions que

---

[1] Serrigny. Compétence administrative, tom. III, p. 203.

7

soulève le Contentieux des Marchés de fournitures pendant la période révolutionnaire ; à l'aide d'arguments irréfutables, cet auteur démontre que la Loi des 4-9 Mars 1793 n'impliquait nullement la compétence des Tribunaux judiciaires sur le Contentieux des Marchés de fournitures et que, dès 1792, les dispositions de la Loi des 20 Septembre, 14 Octobre 1791, établissant cette compétence, cessèrent d'être observées.

Quoi qu'il en soit, la compétence administrative en matière de Marchés de fournitures est nettement établie sous le Directoire.

Les Arrêtés des 8 et 9 Fructidor an VI, Art. 10, soumettent à l'Administration centrale du département de la Seine tous les différends relatifs aux Marchés de la Guerre et de la Marine. Aux termes de la Loi du 12 Vendémiaire an VIII, les fournisseurs doivent remettre aux divers Ministres leurs comptes appuyés des pièces justificatives. (Article 1ᵉʳ.) Les Ministres sont tenus d'arrêter les comptes des agents-comptables dans les trois mois au plus tard de leur remise. (Art. 4.) La Loi du 13 Frimaire an VIII autorise les Commissaires de la Trésorerie Nationale « à prendre des » arrêtés exécutoires provisoirement contre les entre- » preneurs, fournisseurs, soumissionnaires et agents » quelconques. » L'Arrêté du 18 Ventôse an VIII porte également que « le Ministre des Finances, » comme spécialement chargé de l'Administration du » Trésor public, est autorisé à prendre tous arrêtés » nécessaires et exécutoires par provision contre les » comptables, entrepreneurs, fournisseurs, etc... »

Les raisons qui ont inspiré cette législation sont indiquées avec beaucoup de force et de netteté par M. de Cormenin. (Droit administratif. Introduction, N° 19), dans les termes suivants :

« Le Service de la Guerre, de la Marine et de l'In-
» térieur se serait embarrassé dans les circonvolutions
» infinies de la procédure judiciaire. La juridiction
» administrative lui imprima une action plus rapide ;
» on tranchait les contestations plutôt qu'on ne les
» dénouait ; on aimait mieux payer cher, trop cher
» même, mais être servi ; on menait les fournisseurs
» au roulement du tambour comme les soldats. Ce
» n'était pas chose facile dans le désordre de ces
» mouvements extraordinaires d'hommes, de magasins
» et de campements, de ces pointes en avant et de ces
» retours paniques de la Guerre, de faire exécuter et
» de régler les marchés d'urgence, d'organiser ces
» approvisionnements d'habits, d'armes et de chevaux,
» de vérifier les denrées, de constater l'authenticité et
» l'obligation des marchés, d'interpréter leurs clauses
» principales et surtout les additionnelles, de décompter
» les valeurs du payement et de centraliser toutes les
» pièces justificatives dans une liquidation commune.
» Il n'y a pas de juridiction dont l'autorité adminis-
» trative ait été plus jalouse que celle des Marchés de
» fournitures. »

Législation actuelle. — Enfin, intervint le Décret du 11 Juin 1806, dont l'Art. 14, N° 2, est ainsi conçu : « Le Conseil d'État connaîtra..... de toutes

» contestations ou demandes relatives, soit aux marchés
» passés avec des Ministres, avec l'Intendant de notre
» Maison, ou en leur nom, soit aux travaux ou fourni-
» tures faits pour le service de leurs départements
» respectifs, pour notre service personnel ou celui de
» nos Maisons. »

En présence de tous les textes ci-dessus précités, la question s'est posée, de savoir si les Ministres sont appelés à s'occuper des contestations, relatives aux Marchés de fournitures, comme juges du premier degré ou simplement comme administrateurs, ainsi qu'ils font en matière de travaux publics, et si l'Art. 14 du Décret de 1806 n'a pas eu pour but de constituer le Conseil d'État seul juge en premier et dernier ressort des contestations relatives aux Marchés de fournitures, qu'un texte de loi n'aurait pas dévolues expressément à un autre Tribunal administratif comme Tribunal du premier degré.

Généralisée, cette décision est celle que l'on appelle « la question du Ministre-juge », et que l'on peut formuler dans les termes suivants :

Quel est le caractère des décisions rendues par le Ministre dans le cas où ces décisions sont soumises à un recours contentieux devant le Conseil d'État ?

Constituent-elles des actes de gestion qui ne font pas obstacle à ce que le Conseil d'État soit saisi du litige, ou, au contraire, doit-on leur attribuer le caractère de décisions contentieuses rendues en première instance ?

Cette question très controversée a fait l'objet de

savantes discussions. La jurisprudence du Conseil
d'État, après beaucoup d'hésitations , admet maintenant : que les décisions prises par les Ministres comme
représentant l'État ne constituent pas des jugements,
et que le juge de droit commun, en matière administra-
trative, est le Conseil d'État.

Cette jurisprudence est approuvée par la majorité
des auteurs [1].

L'intérêt pratique de la question tranchée par le
Conseil d'État résulte des différences existant entre les
actes d'administration et les jugements. Nous allons
brièvement rappeler les principales de ces différences :

1° Le juge ne prononce pas d'office et ne peut
statuer que sur un différend soumis à son arbitrage.
L'administrateur, au contraire, peut susciter lui-même
le différend, en prenant d'office, à l'encontre des parties,
les décisions qu'il croit conformes à l'intérêt et au droit
de l'État ;

2° Le juge ne peut connaître d'une affaire à laquelle
il serait intéressé, même comme mandataire, car nul
ne peut être, dans le même litige, juge et partie. Rien
ne s'oppose à ce qu'un administrateur prenne une
décision dans une matière où il représente l'État ;

3° Il est contraire au principe de notre organisation judiciaire, de permettre au juge du premier degré
d'aller devant le Tribunal d'appel pour y défendre
son jugement. Il n'y a, au contraire, aucun obstacle

---

[1] Voir notamment Brémond. *Opus. citatum*, Nᵒˢ 849 et
suivants.

qui empêche un administrateur de venir devant un Tribunal discuter ses actes que l'on attaque ;

4° Tout jugement doit être motivé à peine de nullité. Aucune règle pareille n'existe pour les actes d'administration ;

5° Le jugement, une fois rendu, ne peut plus être modifié, même sous prétexte de rectification. Les administrateurs peuvent, au contraire, rapporter ou modifier leurs décisions, tant qu'elles n'ont pas créé un lien de droit ;

6° Les actes d'administration, ne constituant pas des jugements, ne peuvent recevoir l'application de la théorie des jugements par défaut et de l'opposition ;

7° Lorsqu'un agent fait fonction de juge, les parties ne peuvent éviter son Tribunal pour aller directement devant le Tribunal supérieur ; il est de règle, en effet, que les conventions privées ne sauraient intervertir l'ordre des juridictions. Mais si l'agent reste administrateur, son intermédiaire n'est nullement indispensable et le réclamant peut directement porter sa plainte devant le Tribunal compétent.

L'application des principes admis à la matière des Marchés de fournitures conduit à la règle suivante :

Le Conseil d'État est seul juge en premier et dernier ressort des contestations relatives aux Marchés de fournitures.

§

Aux termes de l'Art. 95 du « Règlement pour servir à l'exécution en ce qui concerne le Département de la

Guerre, du Décret impérial du 31 Mai 1862, sur la comptabilité publique. »

Art. 95. — « Toutes les contestations relatives aux » Marchés de fournitures sont jugées administrative- » ment par le Ministre.

» Cette disposition doit toujours être rappelée dans » les cahiers des charges et dans les conventions.

» Les décisions rendues par le Ministre, et régu- » lièrement notifiées, ne peuvent être attaquées que » dans la forme et les délais déterminés par le Décret » du 22 Juillet 1806... »

Par application de l'Art. 95 précité, les cahiers des charges pour les Marchés de fournitures des divers Services de l'Administration de la Guerre, renfer- ment une clause habituellement rédigée ainsi qu'il suit :

« Les contestations qui peuvent s'élever sur l'exé- » cution du service ou sur l'interprétation des clauses » du présent cahier des charges et du marché sont » décidées administrativement, c'est-à-dire par le » Ministre, sauf recours au Conseil d'État. »

Puisque la jurisprudence admet maintenant que le Contentieux des Marchés de fournitures est jugé en premier et dernier ressort par le Conseil d'État, il convient d'attribuer à l'Art. 95 précité et à la clause de style insérée dans les divers cahiers des charges, la signification suivante:

Le Conseil d'État ne peut être saisi que s'il y a litige né entre le fournisseur et l'Administration, et ce litige ne peut résulter que d'une opposition entre une décision prise par le Ministre et une prétention émise par le fournisseur. Par suite les prétentions du fournisseur ne peuvent pas être soumises au Conseil d'État avant d'avoir été appréciées par le Ministre. D'ailleurs ces prétentions, directement portées devant le Conseil d'État, doivent être déclarées non recevables, motifs pris de ce que la requête introductive d'instance n'est pas accompagnée de la copie de la décision par laquelle le Ministre prononce sur l'objet des réclamations. (D. 22 Juillet 1806, Art. 1er; Cons. d'État, 13 Juillet 1877, Durieux ; 24 Juin 1881, Courtin ; 13 Avril 1883, Sauson; 21 Novembre 1884, Bassot; Warembourg et Guillaumette, 15 Mars 1878.)

Dans les Marchés de fournitures, plus encore que dans les Marchés de travaux publics, le Ministre seul a le droit de répondre et de décider au nom de l'État. Les différents auxiliaires de son autorité, Intendants ou Sous-Intendants, Commissions de réceptions, etc., ne peuvent que préparer les éléments de la décision ministérielle ou prendre des mesures provisoires, qui ne sont susceptibles d'un débat contentieux que lorsque le Ministre a déclaré les faire siennes. (Cons. d'État, 27 Juillet 1859, Roger ; 16 Août 1860, Bourdin ; 16 Juin 1882, Segond; 24 Novembre 1876, Langlade.)

Mais la décision ministérielle peut résulter d'une simple approbation des conclusions d'un agent inférieur, ou de l'adoption dans une liquidation définitive, des résultats de liquidations provisoires. (Cons. d'État, 24 Mars 1882, Hertz ; 9 Juin 1882, Wolf.)

Le Ministre ne peut pas déléguer d'ailleurs, son droit de décision à des agents subordonnés, à moins d'y être autorisé par des dispositions de lois ou de règlements.

§.

Ainsi les prétentions du fournisseur ne peuvent pas être soumises au Conseil d'État avant d'avoir été appréciées par le Ministre. Plusieurs Arrêts du Conseil d'État et notamment celui en date du 15 Mars 1878 (Warembourg et Guillaumette C. Ministre de la Guerre. D. P. 78, 3, 64) déclarent non recevables les pourvois de fournisseurs, motifs pris de ce qu'ils ne produisaient pas devant le Conseil d'État de décision par laquelle le Ministre de la Guerre aurait prononcé sur l'objet de leurs réclamations.

Quelle sera, en l'état de cette jurisprudence, la situation faite au fournisseur, au cas où le Ministre saisi de sa réclamation s'abstiendrait de statuer ?

Tout d'abord le silence du Ministre n'est pas susceptible de donner ouverture à un *recours pour excès de pouvoirs*.

Deux raisons s'y opposent :

1° Au cas de difficultés sur Marchés de fournitures, le Ministre agit en qualité de Représentant de l'État, jouant le rôle de simple partie contractante. Or, l'on ne peut considérer, comme susceptibles de *recours pour excès de pouvoirs*, les actes de gestion. Pour qu'il y ait lieu à *recours pour excès de pouvoirs*, il faut qu'il s'agisse d'un *acte administratif* d'une auto-

rité administrative, c'est-à-dire d'un acte ou d'une
décision de l'Administration ayant le caractère *d'acte
de commandement et de puissance publique.* (Béquet,
Répertoire du Droit administratif, v° Contentieux
administratif, n° 553; Brémond, *op. cit.* n° 821.)

2° L'absence de décision de l'Administration ne
peut donner lieu à un *recours pour excès de pouvoirs*,
car le silence ou l'inaction ne sauraient faire naître,
en principe, une action contentieuse. Il n'appartient
pas à un tribunal administratif d'intervenir par voie
d'injonction, comme le fait remarquer M. Laferrière,
dans le domaine de l'Administration active. Or, à
quoi pourrait tendre une réclamation contentieuse
formée contre le silence ou l'inaction d'une autorité
administrative, sinon à faire juger que cette autorité
doit agir et comme elle doit agir. (Béquet, *codem loco,*
n° 556 et 557).

Le fournisseur alléguerait d'ailleurs vainement que
le silence administratif équivaut à une décision rejetant
ses prétentions et qu'il donne ouverture à un recours
appartenant au contentieux de pleine juridiction.

D'une part, ainsi que l'indiquait M. Aucoc dans des
conclusions prises comme Commissaire du Gouvernement (Aff. Chabanne. Cons. d'État, 11 Janv. 1866;
D. P. 66, 3, 70) : « ...... Sans doute, en théorie
» pure, on ne peut pas se pourvoir contre le silence
» de l'Administration. Cependant le législateur, depuis
» quelques années, s'est préoccupé des inconvénients
» graves qui résulteraient de l'impunité accordée à la
» force d'inertie. — Ainsi, en établissant cette règle

» que les Conseils de Préfecture devaient statuer dans
» le délai d'un mois sur les réclamations relatives à
» la validité des élections municipales, les auteurs de
» la Loi du 5 Mai 1855 y ont ajouté cette sanction
» que si le Conseil de Préfecture n'avait pas statué
» dans le délai d'un mois, la réclamation serait consi-
» dérée comme rejetée et que les réclamants pourraient
» se pourvoir devant le Conseil d'État.

» Ainsi encore, un Décret de l'Empereur, en date
» du 2 Novembre 1864, qui a été préparé dans cette
» enceinte, contient une disposition analogue pour les
» recours formés devant les Ministres. — « Lorsque
» les Ministres, porte l'Art. 7 de ce Décret, statuent
» sur des recours contre les décisions d'autorités qui
» leur sont subordonnées, leur décision doit intervenir
» dans le délai de quatre mois, à dater de la réception
» de la réclamation au Ministère. — ..... Après
» l'expiration de ce délai, s'il n'est intervenu aucune
» décision, les parties peuvent considérer leur récla-
» mation comme rejetée et se pourvoir devant le Conseil
» d'État. » — ...... »

En outre, depuis les conclusions de M. Aucoc, le
silence administratif a été assimilé, dans plusieurs
autres lois ou décrets, à une véritable décision. On
peut citer : le Décret du 16 Mars 1880, relatif aux
élections des Membres du Conseil supérieur de l'Instruction publique et des Conseils académiques (Art. 11
et 12) ; et la Loi du 5 Avril 1884 sur l'organisation
municipale (Art. 38).

D'autre part, en la matière qui nous occupe, au cas

de difficultés sur Marchés de fournitures, le Ministre n'est pas saisi d'un recours contre la décision d'une autorité qui lui est subordonnée, mais est appelé à statuer à tout autre titre : il agit en qualité de liquidateur des créances contre l'État. Il est certain que l'Art. 7 du Décret du 2 Nov. 1864, qui autorise les parties à se pourvoir directement contre le Conseil d'État, ne s'appliquant qu'au cas où le Ministre n'a pas statué dans le délai de quatre mois sur les recours formés contre les décisions des autorités qui lui sont subordonnées, le fournisseur, dans l'hypothèse de l'omission de statuer du Ministre, ne pourrait invoquer ledit Art. 7 pour saisir directement le Conseil d'État de la requête qu'il aurait présentée en vain audit Ministre à l'effet d'obtenir le règlement de difficultés relatives à l'exécution de son marché de fournitures.

Faute par lui de produire la décision par laquelle sa réclamation aurait été rejetée par le Ministre, son pourvoi certainement serait déclaré non recevable. C'est ce que le Conseil d'État a décidé dans des espèces où le Ministre était sollicité de prendre une décision comme représentant de l'État, comme liquidateur de la dette publique ou comme dépositaire direct de la puissance publique. (Cons. d'État, 19 Juillet 1872 ; 20 Avril 1877, S. 79, 2, 124 ; 21 Mars 1879, D. P. 79, 3, 75 ; 27 Mai 1881, D. P. 82, 3, 100 ; 16 Décembre 1887, D. P. 89, 3, 15.)

Le principe : que le Conseil d'État ne saurait statuer, dans les matières qui ne peuvent lui être soumises directement, qu'autant qu'une décision de l'autorité qui doit statuer préalablement sur la matière est jointe à la requête (Décret du 22 Juill. 1806, Art. 1ᵉʳ), fléchit dans le cas prévu par l'Art. 7 du Décret du 2 Nov. 1864. La disposition *exceptionnelle* de cet article a pour but de faire obstacle à ce que le Ministre, par un refus volontaire de statuer sur une réclamation, puisse empêcher les intéressés de saisir le Conseil d'État de leurs prétentions.

Mais en présence des termes limitatifs de cet article, il faut reconnaître que, hors le cas spécial qu'il prévoit, l'abus que le Décret du 2 Nov. 1864 veut empêcher, reste toujours possible jusqu'à ce qu'une disposition législative ait généralisé la disposition de l'Art. 7 de ce Décret, en autorisant les parties à se pourvoir *de plano* devant le Conseil d'État, lorsque le Ministre n'aurait pas statué dans un délai déterminé, dans tous les cas, en toute hypothèse, et notamment lorsqu'il s'agit d'une difficulté sur laquelle le Ministre doit prononcer avant qu'elle ne soit soumise au Conseil d'État.

En résumé, pour qu'un recours contentieux quelconque soit possible, deux conditions sont nécessaires. Il faut : 1° qu'il soit autorisé par la loi ; 2° que le réclamant ait intérêt à agir. (Brémond. *Op. cit.* n° 747).

Dans l'hypothèse où le Ministre s'abstient de statuer sur une réclamation d'un fournisseur, ce dernier a bien intérêt à agir, mais *l'autorisation légale* lui fait défaut.

§.

Bien qu'elles ne soient pas des jugements, les décisions ministérielles ont force exécutoire. (L. 12 Vendém. et 13 Frim. ; Arrêté 18 Vent. an VIII.)

Elles produisent hypothèque judiciaire. (Avis. Cons. d'État, 25 Therm. an XII.)

Enfin, la décision ministérielle non attaquée devant le Conseil d'État, dans les trois mois de sa notification à la partie intéressée, devient définitive et acquiert une autorité analogue à l'autorité de la chose jugée. (Décret du 22 Juillet 1806, Art. 11.)

§

Les juridictions sont d'ordre public, et l'incompétence *ratione materiæ* peut être opposée devant toutes les juridictions. C'est ainsi que le cahier des charges, déclarant sans appel la décision du Sous-Intendant militaire en cas de difficultés dans la réception des denrées fournies, ne fait pas obstacle à la réclamation du fournisseur devant le Ministre et le Conseil d'État. (Con. d'État, 24 Mars 1882, Hertz.)

Il est quelquefois stipulé dans les cahiers des charges que les difficultés seront, le cas échéant, soumises à des arbitres ou experts nommés dans des conditions déterminées, et au jugement desquels les parties se soumettent à l'avance ; c'est ce que l'on nomme une clause *compromissoire*.

Une clause de cette nature existe dans le marché passé entre l'État et la Compagnie des lits militaires, marché par lequel la Compagnie s'est engagée à observer les dispositions du Règlement du 30 Septembre 1886, sur les lits militaires ; ce Règlement prévoit un certain nombre d'hypothèses où les différends entre l'Administration et l'entrepreneur doivent être tran-

chés par des experts et précise que « la décision des
» experts est décisive. » (Art. 148.)

Cette clause est-elle valable? Est-elle opposable à
un entrepreneur qui se pourvoit, devant le Conseil
d'État, contre la décision du Ministre, homologuant le
rapport de l'arbitre ou des arbitres?

La négative n'est pas douteuse.

Sans doute l'arbitrage est une convention licite,
autorisée par les Art. 1003 et suivants du Code de
procédure civile. Mais aux termes de l'Art. 1006.
C. pr. civ. : « Le compromis désignera les objets en
» litige et les noms des arbitres, à peine de nullité. »
La loi autorise donc et sanctionne les arbitrages consentis sur des difficultés nées, mais non pas sur des
difficultés *à naître*.

En principe donc, toute clause compromissoire est
nulle, à moins qu'elle ne soit relative à des contestations pour lesquelles un texte formel de loi l'autorise,
(en matière d'assurances maritimes par exemple.
Art. 332 C. com.).

De plus, l'Art. 1004, Code procéd. civ., interdit de
compromettre sur les contestations sujettes à commu-
nication au ministère public, lesquelles comprennent
les causes intéressant l'État. (Art. 83.)

Depuis longtemps, le Conseil d'État a décidé que
le Ministre ne peut pas abdiquer ses pouvoirs entre
les mains d'arbitres, ou d'experts, auxquels il confè-
rerait un droit de décision définitive. (Cons. d'État.
17 Novembre 1824, Ouvrard; 17 Août 1825, Boyer;
6 Août 1881, Sauvage.)

§

Le Décret du 22 Avril 1812, en cas de difficultés
relatives à la réception des étoffes et effets d'habillement, d'équipement et de harnachement dans les
régiments, autorise les Majors à en ordonner,
nonobstant même l'avis du Conseil d'Administration,
le rejet en tout ou en partie, sauf recours au Conseil
de Préfecture.

Les auteurs discutent sur le point de savoir si ce
Décret, postérieur aux dispositions qui ont organisé
la compétence en matière de Marchés de fournitures
a été abrogé ou non. La question n'a pas d'importance
pratique. En admettant que ce Décret n'ait pas été
abrogé, il ne semble pas possible de lui assigner des
cas d'application.

Maintenant, en effet, c'est l'État qui distribue aux
corps de troupe, sans que ceux-ci puissent les
refuser, les effets d'habillement, d'équipement et de
harnachement qui leur sont nécessaires. L'État, pour
la fourniture des étoffes et la confection des effets
d'habillement, passe des marchés, dont le contentieux
est jugé en premier et dernier ressort par le Conseil
d'État.

SECTION II. — Formes et délais du recours au Conseil d'État.

Dès que le contentieux du marché s'est formé par
une opposition entre les décisions du Ministre et les

prétentions du fournisseur, une action est ouverte devant le Conseil d'État. Le recours doit être formé par le ministère d'un avocat au Conseil, dans les trois mois de la notification de la décision. La jurisprudence applique ici l'Art. 11 du Décret du 22 Juillet 1806 : « Le recours au Conseil d'État contre la décision d'une » autorité qui y ressortit ne sera pas recevable après » trois mois du jour où cette décision aura été no- » tifiée. »

§

La notification de la décision du Ministre marque le point de départ du délai de trois mois dans lequel le recours au Conseil d'État doit être exercé.

La notification peut toujours se faire par la *voie administrative*. Mais que faut-il entendre par notifi-cation de la décision ? Comment s'établit la preuve de cette notfication ?

Il est regrettable qu'il n'y ait pas, à cet égard, de principe fixe et uniforme inscrit dans la loi, ou qu'à son défaut, il ne se soit pas établi une pratique précise et régulière, consacrée par la jurisprudence. On évi-terait ainsi beaucoup de difficultés causées par l'in-certitude où se trouvent constamment les parties, sur le fait même de la notification, et par suite, sur le point de départ du délai.

Malgré les termes formels de l'Art. 11 du Décret de 1806, la jurisprudence du Conseil d'État a long-tempsa dmis, comme équivalent à la notification, la con-naissance acquise de la décision par la partie, lors même qu'elle n'en aurait pas eu les termes sous les yeux.

Cette jurisprudence, qui a soulevé les plus vives critiques et qui apportait, il faut le reconnaître, à cette matière déjà si obscure de la notification administrative, un nouvel élément de difficultés, a été condamnée depuis 1852 par le Conseil.

Le Conseil d'État admet maintenant que : pour que la notification administrative remplisse les conditions exigées pour faire courir les délais du pourvoi, il faut qu'elle porte à la connaissance de la partie le texte intégral de l'acte, les motifs aussi bien que le dispositif de la décision notifiée.

C'est par application de ces principes, que le Conseil d'État a refusé de considérer comme une notification régulière pouvant servir de point de départ au délai du recours :

.... La notification à un fournisseur d'une pièce émanée d'un Sous-Intendant militaire lui annonçant la liquidation ds son compte telle qu'elle résulte d'une décision ministérielle simplement visée. (Cons. d'État, 12 Août 1879, aff. Hirsch ; D. P. 80, 3, 30.)

L'exécution forcée d'une décision est considérée comme équivalente à une notification.

Le Ministre, qui conclut devant le Conseil d'État à la tardivité et à l'irrecevabilité du recours d'un fournisseur, est tenu de prouver que sa décision attaquée a été notifiée.

La preuve de la notification résulte, soit du récépissé remis par la partie, soit d'un procès-verbal ou d'une pièce affirmative versée au dossier et émanant de l'agent qui a notifié, soit enfin de l'affirmation des agents chargés de faire la notification.

En cas de contestation, le Conseil a tout pouvoir pour apprécier.

La jurisprudence du Conseil d'État a des tendances à devenir de plus en plus sévère pour l'admission des moyens de preuve de la notification d'une décision administrative.

§

Le recours *tardif* est nul et la *déchéance* est d'ordre public. Elle peut être opposée en tout état de cause et doit même être suppléée d'office par le juge.

§

La question s'est posée de savoir si un fournisseur, attaché à des armées en campagnes, peut encore invoquer les dispositions toutes spéciales de la Loi du 6 Brumaire an V, qui affranchit de toutes prescriptions et délais « les défenseurs de la Patrie et autres » citoyens attachés au service des armées de terre ou » de mer. » Le Conseil d'État s'est prononcé pour la négative (10 Février 1869, Souberbielle) ; il a décidé qu'un fournisseur attaché à l'Armée du Mexique n'avait droit qu'aux délais de distance prévus pour les pays d'outre-mer, « considérant qu'aux termes de l'Art. 13 » du Décret du 22 Juillet 1806, combiné avec » l'Art. 73 C. pr. civ., auquel l'article précité dudit » décret renvoie expressément, le délai du recours » devant le Conseil d'État au contentieux est de » huit mois pour ceux qui demeurent hors d'Europe,

» au-delà des détroits de Malacca et de la Sonde et
» au-delà du Cap Horn, et qu'aucune disposition de
» loi actuellement en vigueur ne permet de faire
» exception, en faveur du, sieur Souberbielle, aux
» règles du décret précité. »

L'Article 2 de la Loi du 6 Brumaire an V, invoquée
par le sieur Souberbielle dans l'espèce précitée, est
ainsi conçu : « Aucune prescription, expiration de
» délais ou péremption d'instance ne peut être acquise
» contre les défenseurs de la Patrie et autres citoyens
» attachés au service des armées de terre et de mer
» pendant tout le temps qui s'est écoulé ou s'écoulera
» depuis leur départ de leur domicile, s'il est postérieur
» à la déclaration de la présente guerre, ou depuis
» ladite déclaration, s'ils étaient déjà au service,
» jusqu'à l'expiration d'un mois après la publication
» de la paix générale, ou après la signature d'un congé
» absolu qui leur serait délivré avant cette époque.
» Le délai sera de trois mois si, au moment de la
» publication de la paix ou de l'obtention du congé
» absolu, ces citoyens font leur service hors de la
» République, mais en Europe ; de huit mois, dans
» les Colonies en deçà du Cap de Bonne-Espérance ;
» de deux ans au-delà de ce cap. »

Les termes mêmes de ce texte indiquent suffisamment qu'il ne contenait pas une disposition générale
et applicable à toutes les guerres qui pourraient éclater
dans l'avenir, mais bien une disposition spéciale et
limitée aux guerres alors engagées et qu'elle cesserait
d'être en vigueur aux époques par elle déterminées.

C'est également ce qui résulte de la Loi du 21 Décembre 1814 portant prorogation jusqu'au 1er Avril 1815 du délai établi par l'Art. 2 de la Loi de l'an V.

On discute toutefois sur le point de savoir quelle est exactement l'époque à laquelle cette loi a dû cesser d'être applicable; suivant l'opinion adoptée d'abord par M. Demolombe (Traité de l'absence, No 350), elle n'aurait conservé son application que jusqu'au 1er Avril 1815. MM. Aubry et Rau (Cours de Droit civil français, 4me édit., tom. I, § 161, pag. 641, texte et note 2) ont combattu cette solution, et soutenu que les délais, fixés par l'Art. 2 de la Loi de Brumaire an V, doivent être calculés à partir du 14 Février 1816, date de la publication du Traité de paix du 20 Novembre précédent. En effet, disent ces auteurs, « Les hostilités ayant recommencé dès le 13 Mars » 1815, la paix de 1814 ne fut, en réalité, qu'une » simple trêve, et c'est bien évidemment ainsi que le » comprirent les rédacteurs de la Loi du 13 Janvier » 1817, dont l'Art. 1er suppose que l'état de guerre » a continué jusqu'au Traité de paix du 20 Novembre » 1815, publié en France le 14 Février 1816. M. Demolombe, dans la dernière édition de son Traité de l'absence, s'est rallié à cette opinion.

Seul de son opinion, M. Laferrière (Traité de la juridiction administrative, tom. II, p. 141) soutient que la question de savoir si la Loi de Brumaire an V est encore en vigueur, mériterait un nouvel et sérieux examen. Cet auteur estime que, si maintenant elle était autrement résolue, la Loi de l'an V pourrait être dans certains cas, applicable aux fournisseurs, car ils sont compris parmi « les autres citoyens attachés au service des armées » dont parle ce texte.

§

Supposons que, par une première décision, le Ministre, prononçant sur une difficulté entre l'entrepreneur et l'Administration, ne se soit pas borné à statuer sur les fournitures faites antérieurement, mais qu'il ait, en outre, interprété les termes du marché et décidé que, pour l'avenir, les fournitures seraient réglées conformément à son interprétation.

Le fournisseur, qui n'a pas attaqué cette décision devant le Conseil d'État dans les délais légaux, est-il recevable à attaquer les décisions postérieures qui statuent dans le même sens à l'égard des fournitures faites ultérieurement?

On sait que la décision ministérielle, non attaquée devant le Conseil d'État dans les trois mois de sa notification à la partie intéressée, devient définitive et acquiert une autorité analogue à l'autorité de la chose jugée. La réponse à la question posée dépend donc de la solution adoptée pour la question générale suivante :

« Quels sont les effets d'une décision interprétative? »

Le Conseil d'État admet maintenant, après avoir décidé le contraire dans plusieurs Arrêts, que la décision interprétative n'a qu'un effet restreint au litige au sujet duquel elle a été rendue, de telle sorte que la même difficulté pourra se représenter à propos d'un nouveau cas d'application du contrat et donner lieu à une solution différente. (Cons. d'État 7 Déc. 1883, Chemins de fer d'Orléans ; D. P. 83, 3, 65.)

La solution est, d'ailleurs, conforme à l'Art. 1351 C. civ.; car si, dans la deuxième affaire il y a, avec la première, identité de parti et de cause, il est bien évident que l'identité d'objet n'existe pas. On peut ajouter qu'il serait dangereux d'admettre qu'une interprétation, donnée à l'occasion d'un cas spécial et déterminé, dut lier les parties et le juge pendant toute la durée du marché ; les erreurs commises à l'origine seraient irréparables. (Brémond. *Opus. citatum,* Nᵒˢ 1791 et suivants.)

CHAPITRE VI

DES SOUS-TRAITANTS ET PRÉPOSÉS.

Il arrive souvent, dans la pratique, que les entre-preneurs de fournitures, qui ont traité avec l'État, traitent eux-mêmes avec d'autres particuliers pour assurer les services dont ils se sont chargés.

Les sous-traités sont la plaie de l'Administration ; certains industriels, en effet, spéculent sur la cession des Marchés de fournitures ; ils se rendent adjudi-cataires de services importants, dont ils cherchent aussitôt à se défaire avec bénéfice. L'État se trouve en présence non de commerçants sérieux, voulant réaliser des profits honnêtes en exécutant conscien-cieusement leurs engagements, mais de spéculateurs sans scrupules. Les marchés font, dans ces conditions, l'objet de plusieurs cessions successives. Le dernier cessionnaire, pour réaliser un gain, est fatalement conduit à commettre des fraudes : de là des procès et une mauvaise exécution des services.

§

Les cahiers des charges des divers services du Dé-partement de la Guerre renferment toujours une clause interdisant à l'entrepreneur de transmettre son marché à des tiers sans le consentement du Ministre.

Quelle est la portée de cette interdiction ?

Signifie-t-elle que toute cession de son marché, consentie par l'entrepreneur sans l'autorisation du Ministre, entraîne la résiliation du marché, comme en matière de travaux publics ?

Non. Elle signifie simplement que l'Administration se borne à tenir pour non avenue la cession faite sans son autorisation.

L'Administration pose en principe rigoureux et absolu :

Qu'elle considère comme inexistantes les stipulations intervenues, sans son autorisation, entre les fournisseurs et leurs sous-traitants.

Ceci posé, la cession d'un Marché de fournitures, consentie par un fournisseur à un sous-traitant, peut se produire de trois manières différentes :

1° Le fournisseur transmet partiellement ou en totalité son marché, ou crée une société sans l'autorisation du Ministre;

2° Le cessionnaire des droits du fournisseur est simplement agréé comme sous-traitant par le Ministre;

3° Le cessionnaire des droits du fournisseur est agréé par le Ministre comme « *substitué* » en cette qualité.

Ces trois hypothèses vont être successivement envisagées.

I.

Le fournisseur transmet partiellement ou en totalité son marché à un tiers ou crée une société sans l'autorisation du Ministre.

En ce cas, le cessionnaire ou associé ne peut invoquer cette qualité vis-à-vis de l'Administration, pour laquelle l'entrepreneur titulaire reste seul responsable. Le cessionnaire ou associé non agréé n'est recevable ni à introduire une instance directe contre l'Administration, ni à intervenir dans la liquidation des sommes dues à l'entrepreneur.

C'est ce qui a été décidé par le Conseil d'État, dans un Arrêt du 28 Juillet 1869 (Affaire Laffitte) avec les considérants suivants :

« Considérant que les adjudicataires des services
» de l'État n'ont droit de se substituer ou de s'ad-
» joindre des associés en ce qui touche l'exécution du
» service dont ils sont chargés, qu'autant qu'ils y ont
» été expressément autorisés; considérant que cette
» autorisation n'est mentionnée ni dans le procès-
» verbal d'adjudication, au sieur Ch. Laffitte, du
» Service des lits militaires, ni dans le traité qui
» stipule les conditions de cette entreprise; que dès
» lors, en refusant d'admettre aucun rapport de ser-
» vice entre l'Administration de la Guerre et la société
» créée par le sieur Ch. Laffitte pour l'exploitation du
» marché qu'il avait soumissionné personnellement,
» notre Ministre de la Guerre n'a fait qu'user du droit
» qui lui appartient. »

Ceci posé, en droit commun, il est admis par la jurisprudence et la majorité des auteurs que le créancier peut exercer les droits et actions de son débiteur, sans avoir besoin d'une subrogation préalable conventionnelle ou judiciaire. (Voir notamment : Vigié,

Cours de Droit civil français, tom. II, N° 1182 ; C. de
Grenoble, 24 Mai 1867 ; S. 68, 2, 104.)

La ruine de l'entrepreneur rendrait souvent bien
précieux pour le sous-traitant l'avantage d'avoir l'État
pour débiteur. Si aucune dérogation n'était apportée
en matière de Marchés de fournitures au droit commun,
l'Art. 1166 du Code civil permettrait au sous-traitant
d'agir indirectement contre l'Administration et de
discuter avec elle.

La jurisprudence du Conseil d'État refuse ce droit
au cessionnaire non agréé.

Il a été jugé que : Le créancier d'un entrepreneur
de fournitures n'est recevable à exercer, en vertu de
l'Art. 1166 C. civ., les actions de son débiteur contre
l'État qu'autant qu'il y a été autorisé par une décision
de justice et que sa qualité de créancier n'est pas
contestée par le Ministre compétent. (Cons. d'État,
11 Août 1864, Chalard; 9 Août 1870, Ramon-Zorilla;
2 Juillet 1880, Larivière.)

La même fin de non-recevoir est opposée par la
jurisprudence du Conseil d'État aux créanciers de
l'entrepreneur qui prétendraient le représenter et qui
produiraient une procuration émanée de lui, leur
donnant pouvoir de régler les comptes avec l'Administration. (Cons. d'État, 18 Décembre 1862, Bonnafous).

§

La conséquence directe des principes ci-dessus
posés, c'est que toutes les contestations susceptibles
de surgir entre les entrepreneurs et leurs sous-traitants

sont étrangères à la juridiction administrative et doivent être portées devant les tribunaux ordinaires. (Nombreux Arrêts, dont notamment : Cons. d'État, 22 Août 1834, Puech; 8 Février 1866, Compagnie des transports généraux.)

II.

Le cessionnaire des droits du fournisseur a été simplement agréé comme sous-traitant par le Ministre.

L'agrément du Ministre ne crée aucun lien de droit entre le cessionnaire et l'Administration, il n'implique aucun engagement.

Le sous-traitant ne peut, même dans ce cas, ni agir directement ou indirectement contre l'État, ni être actionné par l'État, ni même intervenir dans la liquidation des sommes dues au fournisseur et dans le débat pendant entre l'État et le fournisseur. (Cons. d'État, 21 Juillet 1854, Aff. Olivet; 18 Décembre 1862, Aff. Bonnafous.)

§

La situation des sous-traitants agréés en cette qualité par le Ministre diffère de celle des sous-traitants non agréés, en ce que les premiers possèdent un privilège qui n'est pas accordé aux autres.

Les cessions qui ne sont que des spéculations entraînent le plus souvent une mauvaise exécution des services. L'Administration a, au contraire, intérêt à favoriser les cessions de leurs marchés, consenties par

les fournisseurs à des commerçants qu'elle juge cons-
ciencieux et qu'elle agrée comme sous-traitants.

Un Décret du 12 Décembre 1806, dit de Posen,
combiné avec celui du 13 Juin précédent, reconnaît
aux sous-traitants agréés en cette qualité par le Ministre, un privilège, dont les conditions d'exercice sont
réglées dans les termes suivants :

ART. 1er. — « Tout sous-traitant, préposé ou agent
» d'une entreprise soumise aux dispositions du Décret
» du 13 Juin 1806, qui, à dater de la publication du
» présent, se croirait fondé à ne pas remettre les pièces
» justificatives de ses fournitures à l'entrepreneur
» principal, dans les délais fixés par ce décret, pour
» n'avoir pas été payé de son service par le traitant,
» devra les déposer, dans les mêmes délais, entre les
» mains du commissaire-ordonnateur de la division
» militaire, qui lui donnera en échange un bordereau
» certifié, constatant le nombre et la nature des pièces
» versées, ainsi que l'époque et la qualité des fourni-
» tures dont elles justifient. »

ART. 2. — « Les bordereaux délivrés en exécution
» de l'article ci-dessus, par les commissaires-ordon-
» nateurs, aux sous-traitants, préposés ou agents,
» auront pour ceux-ci, lorsqu'ils les présenteront aux
» tribunaux, la même valeur que les pièces dont la
» remise aura été faite ; et lorsqu'ils les présenteront
» au Trésor public, ils leur tiendront lieu d'opposition,
» tant sur les fonds que le Gouvernement pourrait
» redevoir aux entrepreneurs pour leurs fournitures,
» que sur le cautionnement que le Ministre aurait

» exigé desdits entrepreneurs, sauf les droits du Gou-
» vernement; et ce, nonobstant toute cession ou
» transfert qui aurait été fait par les entrepreneurs.
» Le Trésor public recevra les oppositions des sous-
» traitants, porteurs des bordereaux arrêtés par les
» ordonnateurs. Ils auront un privilège spécial sur les
» sommes à payer aux entrepreneurs jusqu'à concur-
» rence du montant de ce qui leur sera dû pour les
» fournitures comprises auxdits bordereaux. »

Art. 3. — « Les sous-traitants, préposés ou agents
» qui ne se seront point conformés aux dispositions
» des articles précédents, encourront la déchéance
» voulue par notre Décret du 13 Juin: en conséquence,
» les pièces justificatives des fournitures qu'ils auraient
» faites en cette qualité, ne pourront leur servir de titre
» à aucune réclamation contre qui que ce soit. »

1° *A qui appartient le privilège?* — Le Décret
du 12 Décembre 1806 établit un privilège en faveur
des sous-traitants du Ministère de la Guerre, ce qui
comprend ceux de l'Hôtel des Invalides (Rej. Civ,
20 Févr. 1828; D. P. 28. 1. 138), et s'étend à ceux
du Ministère de la Marine, mais non à ceux des autres
Ministères. (Rej. 18 Mai 1831; Dall., Rép. V° Priv.,
N° 398.)

Appliquant littéralement les termes de ce Décret, la
jurisprudence reconnaît le privilège à « tout sous-
» traitant, préposé ou agent », mais le refuse aux
simples livranciers. Ce privilège ne peut être invoqué
par celui qui, simple vendeur, a livré ses marchan-

dises à l'entrepreneur principal en suivant la foi de
ce dernier, sans avoir été agréé comme sous-traitant
de l'État par le Ministre de la Guerre. (Orléans,
17 Mai 1881 ; D. P. 82, 2, 55.)

2° *Étendue du privilège*. — Le Décret porte que
ce privilège aura son effet « tant sur les fonds que le
» Gouvernement pourrait redevoir aux entrepreneurs
» pour leurs fournitures que sur le cautionnement » ;
et la Cour de Cassation, malgré la règle que les privilèges sont de droit étroit et les termes nullement
formels qui viennent d'être cités, fait porter celui-ci
sur le prix de toutes les fournitures dues, et non pas
seulement sur celui de la fourniture à laquelle se
rapporte le sous-traité, « attendu que le privilège,
» accordé par l'Art. 2 du Décret du 12 Décembre
» 1806 aux sous-traitants pour le montant de leurs
» créances contre les traitants sur les sommes dues
» à ceux-ci par l'État, n'est pas restreint uniquement
» aux sommes représentatives des fournitures faites
» par les sous-traitants, mais s'étend généralement à
» toutes les sommes dues aux traitants par l'État, en
» l'exécution ou par suite de leur traité. » (Rej.
20 Février 1828 ; Dall., Rép. V° Priv., N° 522.)

Cette jurisprudence est très vivement critiquée par
les auteurs, qui estiment qu'elle porte atteinte au
principe que les privilèges sont de droit étroit. (Dufour,
tom. VI, N° 314 ; Périer, *Opus citat.*, N° 176 ;
Perriquet, Les Contrats de l'État, N° 122.)

La jurisprudence admet encore que, lorsque le
cautionnement d'un fournisseur consistait en un im-

meuble qui plus tard a été vendu, le privilège du
sous-traitant peut s'exercer sur les sommes qui se
trouvent encore entre les mains des acquéreurs, même
après que le Gouvernement a accordé main-levée de
l'inscription qu'il avait prise sur cet immeuble. (Paris,
30 Juillet 1810, Dalloz, J. G. V° Privilèges,
N° 4526.)

Dans l'espèce de cette décision, le sous-traitant
Royer, créancier du fournisseur Taulet, avait formé
opposition entre les mains du Gouvernement, à raison
des fonds qui pouvaient encore être dus à l'entreprise
Taulet ; et comme ces fonds étaient insuffisants pour
le couvrir, il allait prendre inscription sur le domaine
de la Pépinière, affecté au cautionnement par Taulet ;
mais il apprit alors que cet immeuble avait été vendu ;
et que le Gouvernement avait donné main-levée de
l'inscription prise à son profit.

Royer forme alors opposition entre les mains de
l'acquéreur, et s'adresse ensuite au Tribunal de Paris,
pour faire déclarer la saisie-arrêt bonne et valable,
et être payé par privilège sur la partie du prix qui
n'avait pas encore été payée par l'acquéreur.

La saisie-arrêt fut validée par le Tribunal de Paris,
dont le jugement, confirmé par la Cour avec adoption
des motifs des premiers juges, ne renferme que des
considérants « en fait », et s'appuie notamment sur
ce que « la radiation qui aurait été faite sans réserve
» de l'inscription prise sur le domaine de la Pépinière,
» pour sûreté du cautionnement dont il s'agit (de
» Taulet), n'aurait été que le fruit de l'erreur, et ne

9

» pourrait préjudicier aux droits acquis à Taulet sur
» lesdits cautionnement et inscription. »

L'espèce précitée soulevait cependant en droit une
question très importante : celle de la survivance du
droit de préférence au droit de suite. Le créancier
privilégié ou hypothécaire, dont le droit de suite est
éteint (dans l'espèce par la radiation de l'inscription
prise sur le domaine de la Pépinière), ne peut plus
saisir l'immeuble grevé du privilège ou de l'hypothèque
sur les tiers-détenteurs, mais peut-il se faire payer
par préférence sur le prix non encore payé par
l'acquéreur ou consigné par lui ? La question étant
posée en ces termes, il faut y répondre affirmativement
et dire que la survivance, que l'existence distincte
du droit de préférence, se conçoivent très bien, puisque
seul il existe en ce qui concerne les privilèges sur les
meubles. Pourquoi n'en serait-il pas de même pour
les immeubles ? Du reste, la loi nous donne des
exemples d'un fait pareil. (Voir notamment: Art. 2198
C. civ.)

3° *Formalités requises pour l'exercice du privilège.* — Quant aux formalités à remplir pour l'exercice
du privilège, elles sont d'une extrême simplicité. Les
sous-traitants ont le choix d'adresser au Trésor, dans
le délai fixé par le Décret du 13 Juin 1806, les pièces
justificatives de leurs fournitures, ou de les remettre
au commissaire-ordonnateur de la division militaire,
qui délivre en échange un bordereau, constatant le
nombre et la nature des pièces, ainsi que l'époque
et la quotité des fournitures dont elles justifient. Les

pièces ou le bordereau présentés au Trésor tiennent lieu d'opposition. (Décret, 12 Décembre 1806.)

Ils ont aussi la ressource de faire signifier leur opposition au Bureau des Oppositions établi au Trésor, à Paris, et aux Caisses des Payeurs, dans les départements.

Les formalités requises pour l'exercice du privilège des sous-traitants doivent être accomplies, dans le délai indiqué par le Décret du 13 Juin 1806, auquel renvoie le Décret du 12 Décembre 1806, et qui précise que, les factures et mémoires doivent être, avec les pièces justificatives, et sous peine de déchéance, remises soit au Ministre de la Guerre, soit au fonctionnaire chargé de la direction du service, dans un délai de six mois à compter de l'expiration du trimestre pendant lequel les dépenses ont eu lieu. Le délai de six mois est un délai maximum : les marchés peuvent fixer (Décret du 19 Avril 1806) un délai plus court qui varie généralement de un à trois mois et qui est souvent de quarante-cinq jours.

Quant à la déchéance encourue, elle consiste pour le sous-traitant, dans la perte de son privilège ; mais le sous-traitant conserve évidemment le droit de poursuivre contre le fournisseur ou ses ayants-cause le payement des sommes qui lui sont dues.

4° Compétence. — Les contestations qui ont trait à l'exercice de ce privilège sont au surplus, comme toutes celles qui s'agitent entre les sous-traitants et l'entrepreneur ou des ayants-cause, de la compétence des tribunaux ordinaires. (Cons. d'État, 14 Août 1852, Leleu.)

5º *Droits de l'État.* — L'Art. 2 du Décret du
12 Décembre 1806, en disposant que le privilège des
sous-traitants s'étendrait sur les sommes dues aux
entrepreneurs principaux « sauf le droit du Gouvernement », n'a pas, par ces derniers mots, entendu parler
des créances non privilégiées qui auraient été cédées
au Gouvernement par des tiers-porteurs où qu'il récla-
merait de leur chef; à l'égard de ces créances, il ne
pourrait avoir plus de droits que ceux qu'il représente ;
les mots ci-dessus s'appliquent seulement aux droits
que le Gouvernement pourrait exercer de son propre
chef.

Il a été jugé également que le Gouvernement ne
pourrait opposer la compensation des créances qu'il
aurait acquises, avec les sommes dont il serait débiteur
envers les entrepreneurs généraux, au préjudice des
sous-traitants et nonobstant des oppositions antérieures
à celles du Trésor. (Cass. civ. rej. 10 Mars 1818,
Dalloz, J. G. Vº Privilèges et Hypothèques, Nᵒˢ 522
et 524.)

§

La jurisprudence du Conseil d'État refuse donc aux
créanciers d'un fournisseur et même aux sous-traitants
agréés par le Ministre toute action directe ou indirecte
contre l'État et ne leur reconnaît point la faculté de
discuter avec l'Administration sur l'étendue des droits
dudit fournisseur. Mais aucun texte législatif n'enlève
à ces créanciers le droit de frapper de saisie-arrêt les
sommes qui sont dues à leur débiteur par l'État pour
l'exécution de son service.

En matière de *travaux publics*, des règles spéciales ont été posées par le Décret du 26 Pluviôse an II; aux termes de ce Décret :

« Les créanciers particuliers des entrepreneurs et » adjudicataires des ouvrages faits ou à faire pour le » compte de la Nation, ne peuvent, jusqu'à la réception » définitive des travaux publics, faire aucune saisie-» arrêt, ni opposition sur les fonds déposés dans les » caisses des receveurs des districts, pour être délivrés » auxdits entrepreneurs ou adjudicataires.

» Ne sont point comprises dans ces dispositions les » créances provenant du salaire des ouvriers employés » par lesdits entrepreneurs, et les sommes dues pour » fournitures de matériaux et autres objets servant à » la construction des ouvrages.

» Néanmoins, les sommes qui resteront dues aux en-» trepreneurs ou adjudicataires, après la réception des » ouvrages, pourront être saisies par leurs créanciers » particuliers, lorsque les dettes provenant du salaire » des ouvriers auront été acquittées. »

La Loi du 26 Pluviôse an II, dont les dispositions ont été étendues par la Loi du 25 Juillet 1891 à tous les travaux ayant le caractère de travaux publics, établit donc, au profit des ouvriers des entrepreneurs, un privilège pour tous les salaires dus, qui n'est primé par aucun autre. Ce privilège est donc préférable au privilège de l'Art. 2101, 4° du Code civil, dont l'exercice suppose le payement préalable des frais de justice, des frais funéraires et des frais quelconques de dernière maladie.

En matière de Marchés de fournitures, aucune loi interdisant les oppositions sur les sommes dues aux fournisseurs et établissant un privilège spécial au profit des ouvriers n'a été promulguée.

Tous les créanciers d'un fournisseur, et notamment ses ouvriers, peuvent frapper de saisie-arrêt les sommes qui lui sont dues par l'État, à la condition de se conformer aux dispositions du Décret du 18 Août 1807 et des Lois du 9 Juillet 1836 et du 8 Juillet 1837, relatifs aux formes à suivre pour les saisies-arrêts ou oppositions entre les mains des receveurs ou administrateurs de caisses ou de deniers publics.

Dans les distributions par contribution auxquelles les saisies-arrêts, faites par les créanciers d'un fournisseur sur les sommes qui lui sont dues par l'État ou sur son cautionnement, peuvent donner lieu, il faut tenir compte du privilège concédé, dans certaines conditions, par le Décret du 12 Décembre 1806 aux sous-traitants agréés par le Ministre.

Quel est le rang de ce privilège ?

Des termes de l'Art. 2 du Décret du 12 Décembre 1806, il appert que les bordereaux, régulièrement délivrés aux sous-traitants, leur tiennent lieu d'opposition, lorsqu'ils sont présentés au Trésor public, tant sur les fonds que le Gouvernement peut devoir aux entrepreneurs que sur le cautionnement qui a pu être exigé d'eux, nonobstant toute cession ou transport, *et sauf les droits du Gouvernement ;* et que les sous-traitants ont un privilège spécial sur les sommes à payer aux entrepreneurs jusqu'à concurrence du montant de leurs fournitures.

Il n'y a donc que les droits du Gouvernement qui peuvent faire échec aux droits des sous-traitants. Les sous-traitants ne sont primés que par l'État, et leur privilège constitue un « privilège de second ordre » : c'est du reste ainsi que ce privilège est qualifié dans l'Art. 76, 2ᵐᵉ alinéa, du « Règlement du 3 Avril 1869 pour servir à l'exécution, en ce qui concerne le Département de la Guerre, du Décret Impérial du 31 Mai 1862 sur la comptabilité publique. »

Ceci posé, le bailleur de fonds destinés à former, en tout ou en partie, le cautionnement d'un fonctionnaire public ou d'un fournisseur de l'État, peut, en remplissant les formalités prescrites à cet effet, s'assurer sur ce cautionnement un privilège, appelé « de second ordre », parce qu'il s'exerce immédiatement après le privilège établi par le N° 7 de l'Art. 2102, C. civ. Ce privilège est établi et réglé par les lois et décrets suivants :

Lois du 25 Nivôse et du 6 Ventôse an XIII;

Décrets du 28 Août 1808 et du 22 Décembre 1812.

Qui doit l'emporter, du privilège « de second ordre » du sous-traitant, ou du privilège « de second ordre » du bailleur de fonds du cautionnement?

La jurisprudence, argumentant des mots « sauf les droits du Gouvernement » de l'Art. 2 du Décret du 12 Décembre 1806, admet que c'est le privilège du sous-traitant.

Il a été jugé que le sous-traitant du Service des vivres et fourrages militaires a, sur le cautionnement du traitant principal, un privilège particulier qui

l'emporte sur le privilège de second ordre du bailleur
de fonds du cautionnement. (Angers, 23 Janv. 1850;
D. P. 50, 2, 86, sur un renvoi prononcé par la
Cour de Cassation. Arrêt du 17 Juill. 1849.)

Cette décision se justifie par les considérations suivantes : l'Art. 2, du Décret du 12 Décembre 1806, en
vue d'assurer de la manière la plus certaine, dans
l'intérêt de l'État, les Services de fournitures, a
accordé un privilège aux sous-traitants tant sur les
fonds du cautionnement exigé du traitant que sur les
sommes qui pourraient être dues à ce dernier par le
Trésor public. Or, il importe peu à l'État que le cautionnement soit versé par le traitant ou par un tiers,
et il n'a à se préoccuper du privilège de ce dernier
que d'une manière tout-à-fait secondaire — c'est le
sous-traitant, c'est-à-dire celui sur qui roule, à défaut
du traitant, la charge de faire les fournitures, que le
législateur a voulu, après l'État, favoriser par des
dispositions. — Devant cette grave considération, le
système du bailleur de fonds avait de la difficulté à
se faire accueillir. Ce n'est pas qu'il fût tout-à-fait
dénué de fondement.

La loi, peut-on dire en faveur de ce dernier, n'a
pas dû accorder au bailleur un privilège complètement
illusoire : or, le privilège de second ordre serait
dépourvu de toute efficacité réelle, s'il était loisible
au traitant, en se donnant un sous-entrepreneur ou
sous-munitionnaire, de transporter à celui-ci le privilège que la loi semblait avoir assuré au bailleur de
fonds. De plus, dans le système de l'Arrêt, les mots

« privilège de second ordre », pour désigner le privilège du bailleur de fonds sont d'une inexactitude flagrante; le bailleur de fonds n'est pas seulement primé par le privilège du Trésor public, mais il l'est encore par celui des sous-traitants, et il n'arrive plus ainsi qu'en troisième ordre.

III.

Le cessionnaire des droits du fournisseur est agréé par le Ministre comme « substitué » en cette qualité :

Dans ce cas le cessionnaire substitué prend purement et simplement la place du traitant principal dans ses relations avec l'Administration. Une pareille substitution se réalise ordinairement par la remise du service.

Les sous-traitants ont intérêt à soutenir qu'ils sont des cessionnaires substitués, afin de se réserver un droit de recours contre l'État en cas d'insolvabilité du fournisseur principal.

Cette prétention a été repoussée toutes les fois que le sous-traitant n'a pu apporter la preuve d'une déclaration formelle du Gouvernement. (Cons. d'État, 11 Février 1836, Damaschino; 22 Août 1834, Puech.)

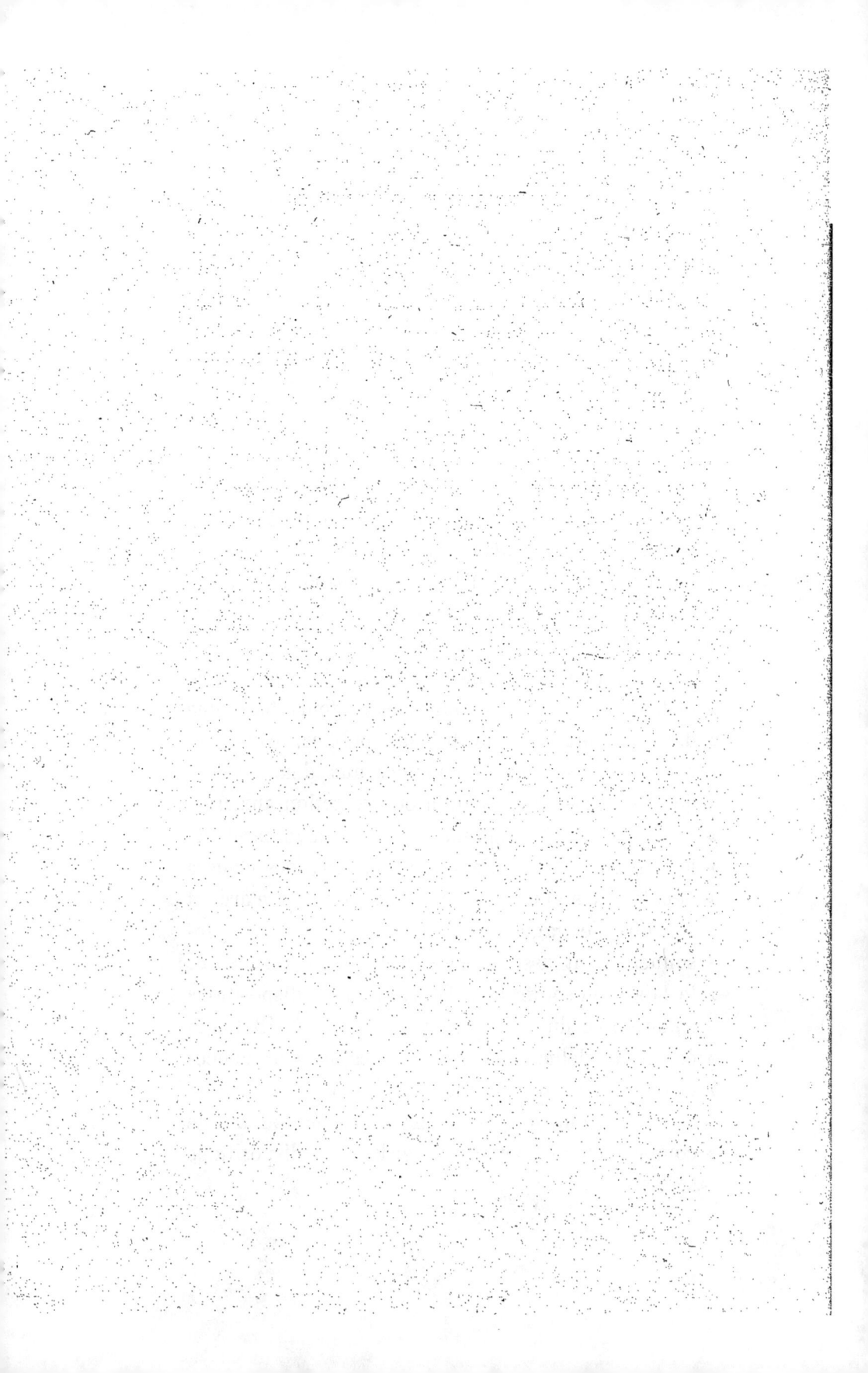

CHAPITRE VII

DE L'INEXÉCUTION DES MARCHÉS DE FOURNITURES ET DE SES CONSÉQUENCES.

« Les Marchés de fournitures, surtout ceux de la
» Guerre et de la Marine, ne comportent ni ajourne-
» ment ni défaillance ; ils sont, en même temps que
» des contrats, de véritables opérations administratives
» étroitement liées à la marche des services. De là
» des garanties et des mesures coercitives plus com-
» plètes encore dans les Marchés de fournitures que
» dans les Marchés de travaux publics. Ainsi, en
» dehors des mesures communes aux deux espèces
» de marchés — la résiliation et l'exécution aux frais
» et risques de l'entrepreneur — on trouve habituel-
» lement dans les cahiers des charges, des clauses
» pénales, des amendes, des retenues pour retard, et
» en outre l'engagement d'une caution qui doit per-
» sonnellement assurer le service si le fournisseur
» le laisse en souffrance. De là aussi les dispositions
» rigoureuses du Code pénal (Art. 430 à 434), qui
» érigent en délits et même en crimes, les négligences
» et les fraudes des fournisseurs des armées de terre
» et de mer qui font manquer le service ou qui le
» compromettent par des retards. Ces dispositions

» prouvent combien nous sommes loin ici des contrats
» de droit commun [1]. »

L'Administration et plus spécialement l'Administration de la Guerre est donc puissamment armée
contre les fournisseurs.

Les conséquences de la mauvaise exécution ou de
l'inexécution soit totale, soit partielle, des Marchés de
fournitures, passés avec l'Administration de la Guerre,
sont examinées dans les deux sections qui suivent.

SECTION I. — De la responsabilité civile des fournisseurs de l'armée.

A. — De la clause pénale.

En droit commun : La clause pénale est une
convention accessoire, par laquelle les parties fixent
à l'avance les dommages-intérêts dus pour inexécution
totale, ou inexécution partielle ; c'est donc un forfait
intervenu entre les parties et relatif à la détermination
des dommages-intérêts.

De cette définition, résultent, entre autres conséquences, les suivantes :

1º Soit que l'obligation primitive contienne, soit
qu'elle ne contienne pas un terme dans lequel elle
doive être accomplie, la peine n'est encourue que

---

[1] E. Laferrière. Traité de la Juridiction administrative,
tom. II, p. 134.

lorsque celui qui s'est obligé soit à livrer, soit à prendre, soit à faire, est en demeure. (Art. 1230, C. civ.);

2° La clause pénale est la compensation des dommages et intérêts que le créancier souffre de l'inexécution de l'obligation principale.

Il ne peut demander en même temps le principal et la peine, à moins qu'elle n'ait été stipulée pour simple retard. (Art. 1229, C. civ.)

Toutefois le créancier pourrait cumuler la clause pénale avec l'exécution, si la convention l'y autorisait; on suivrait alors l'intention des parties. (Art. 1134, C. civ.);

3° La clause pénale est un forfait, au moyen duquel les parties fixent à l'avance les dommages et intérêts dus pour inexécution ou retard. Par là elles évitent l'appréciation des dommages et intérêts par le juge.

Nous ne passerons pas en revue les diverses clauses pénales des différents cahier des charges des entreprises de fournitures de l'Administration de la Guerre ; cet examen serait fastidieux et ne présenterait aucun intérêt juridique. Nous nous contenterons de faire, sur les caractères de l'application des principes du Droit commun à la matière, les remarques suivantes :

I.

Les clauses pénales insérées dans les cahiers des charges des entreprises des divers services ont le caractère d'une peine plutôt que celui d'une réparation.

En vertu de stipulations qui sont insérées dans tous les cahiers des charges, l'Administration cumule la clause pénale avec l'exécution de la convention ou le payement des dommages et intérêts. L'amende ou la retenue convenue est due sans préjudice de l'application d'autres clauses qui ont spécialement pour objet d'assurer l'exécution de la convention ou de régler le mode de réparation du dommage causé à l'État par l'inexécution totale ou partielle ou le retard dans l'exécution du marché.

II.

On doit appliquer en la matière, la règle de l'Art. 1230, C. civ., aux termes de laquelle le débiteur n'est passible de la peine qu'autant qu'il a été mis en demeure de remplir son engagement.

La jurisprudence admet que le préalable d'une mise en demeure est la condition *sine qua non* de l'application de la cause pénale. (Conseil d'État, Laurent, 12 Novembre 1880.)

Mais la mise en demeure résulte suffisamment des plaintes consignées dans les lettres du Ministre reçues sans protestations par les fournisseurs. (Cons. d'État, 23 Janvier 1853, Teschaneyre.)

D'ailleurs, la dispense de mise en demeure est habituellement insérée dans les cahiers des charges dressés récemment par l'Administration de la Guerre. Il y est stipulé que la mise en demeure résultera de la seule échéance du terme sans qu'il soit besoin d'une sommation ou d'un acte interpellatif quelconque.

III.

La cause pénale est appliquée rigoureusement et s'interprète de la manière la plus stricte.

Au Ministère de la Guerre, l'interprétation sévère des contrats est de règle. L'habitude de la tolérance conduirait fatalement à un « laisser aller », dont les conséquences pourraient à un moment être fort graves.

Par application de ce principe, il a été jugé que l'entrepreneur, qui a encouru l'application d'une clause pénale du cahier des charges de son marché, ne peut être admis à soutenir, pour y échapper, que l'inexécution de son engagement n'a causé à l'État aucun préjudice. A plus forte raison, il ne serait pas fondé à discuter si le montant de la retenue à lui infligée est ou non supérieur au préjudice. (Cons. d'État, Marcin, 20 Janvier 1853; Hermil, 2 Août 1838.)

IV.

Autrefois, la jurisprudence du Conseil d'État ne dispensait même pas de l'application de la pénalité l'entrepreneur qui n'était pas en faute et que des cir- constances indépendantes de sa volonté, telles qu'un événement fortuit ou une force majeure, avaient seules empêché de remplir ses engagements. (Cons. d'État, 8 Juin 1832 ; 11 Août 1864.)

Il fallait, pour que la pénalité ne lui fût pas infligée, que le traité réservât expressément le cas fortuit ou de force majeure. Et encore la jurisprudence ne consi-

dérait-elle comme des évènements de force majeure
que les accidents naturels. Elle ne rangeait pas dans
cette catégorie les autres obstacles ou difficultés que
l'entrepreneur avait pu rencontrer et qui n'étaient pas
son fait personnel.

Cette interprétation rigoureuse donnée à la clause
pénale était une dérogation au principe général posé
par le Code civil dans l'Art. 1148 et d'après lequel
« il n'y a lieu à aucuns dommages-intérêts lorsque,
par suite d'une force majeure ou d'un cas fortuit,
le débiteur a été empêché de donner ou de faire ce
à quoi il a été obligé ou a fait ce qui lui était interdit. »

On essayait de justifier cette dérogation au droit
commun par l'intérêt qu'il y a pour l'Administration
de la Guerre à éviter les contestations auxquelles ne
pourrait manquer de donner lieu l'allégation des cas
fortuits ou de force majeure, mais le Conseil d'État
est revenu depuis longtemps déjà sur cette jurisprudence et aujourd'hui la clause pénale cesse d'être
appliquée dès que l'entrepreneur établit que son retard
tient à une cause étrangère qui ne lui est pas imputable,
par exemple à un accident de la nature, ou bien au
fait d'une personne ou d'une chose dont il n'avait pas
à répondre. (Cons. d'État, 24 Janvier 1879.) Dans
ce cas, la clause pénale ne devient applicable que si
cet accident ou ce fait a été précédé ou accompagné
d'une faute imputable au fournisseur et sans laquelle
il aurait pu exécuter régulièrement son obligation.

Ainsi, le fournisseur qui n'aurait pas fait les diligences nécessaires pour exécuter son marché dans le délai convenu, et alors que la fabrication ne rencontrait pas d'obstacles, ne serait pas fondé à alléguer que cette fabrication aurait été rendue impossible par le bombardement, le manque de charbon et autres difficultés résultant de la situation de la ville. (Cons. d'État, 6 Février 1874.)

Lorsque des difficultés résultant d'une force majeure ou d'évènements fortuits ont seulement contribué à causer le retard et qu'une certaine part de responsabilité subsiste à la charge du fournisseur, les retenues ou imputations dont il est passible peuvent être réduites dans une équitable mesure. C'est ce qui a été décidé par le Conseil d'État, le 23 Mars 1877, dans les termes suivants : « En ce qui touche les retenues pour retards constatés à l'arrivée : Considérant qu'il résulte de l'instruction que ces retards ont été, *en grande partie*, causés par le mauvais état des chemins, la disette des bêtes de somme et les autres difficultés de transports qui ont été la conséquence et la suite de l'insurrection qui a éclaté en 1871 dans la province de Constantine ; qu'il serait fait une juste appréciation des circonstances de l'affaire en réduisant de moitié le montant des retenues qui ont été opérées de ce chef. »

Il va de soi que c'est au fournisseur qui allègue pour sa justification un cas fortuit ou de force majeure à le prouver. Ce serait, au contraire, à l'Administration qu'il appartiendrait, conformément aux principes généraux du droit, d'établir que l'évènement ou le fait invoqué et dont la preuve a été rapportée, a été précédé

ou accompagné de quelque faute imputable au fournisseur.

Par exception aux règles que nous venons d'énoncer,
le cahier des charges peut stipuler que les cas fortuits
de force majeure ou certains de ces cas n'empêcheront
pas l'application de la clause pénale. La validité de
pareilles stipulations n'est pas douteuse ; elles ont en
définitive pour but et pour effet *d'assurer* l'État, et le
contrat d'assurance n'a rien d'illicite.

B. — Résiliation des marchés et exécution aux frais et risques des fournisseurs.

Les difficultés que soulèvent la résiliation des
Marchés de fournitures et leur exécution aux frais et
risques des fournisseurs se résolvent à l'aide de principes du droit commun, qui seront tout d'abord brième-
ment rappelés.

§

Aux termes de l'Article 1144 du Code civil : « Le
» créancier, peut aussi, en cas d'inexécution, être
» autorisé à faire exécuter lui-même l'obligation aux
» dépens du débiteur. »

Par application du principe de la liberté des conventions, les parties ont le droit de stipuler que, sans
qu'il soit besoin d'une assignation et d'un jugement,
le créancier pourra, en cas d'inexécution de l'obligation, la faire exécuter aux risques et périls du débiteur.

Une mise en demeure préalable sera d'ailleurs nécessaire, s'il n'en a été convenu autrement. (Art. 1146,
C. civ.).

*
* *

Les questions juridiques relatives à la résiliation des contrats gravitent autour de l'Article 1184 du Code civil.

L'Art. 1184 ne touche pas à l'ordre public : les parties peuvent en modifier les règles. La clause par laquelle les parties déterminent elles-mêmes, dans leur contrat, la manière dont il devra être résolu, dans le cas d'inexécution de ses engagements par l'une ou par l'autre des parties, s'appelle pacte commissoire.

En principe, le pacte commissoire n'opère pas de plein droit : un jugement est nécessaire. Mais les parties, en vertu de l'Art. 1134, C. civ., peuvent valablement convenir que la résolution aura lieu de plein droit et sans jugement.

Dans cette hypothèse, la résolution, quoique s'opérant sans l'intervention du juge, qui ne peut en arrêter l'effet par la concession d'un délai, est cependant subordonnée à la mise en demeure du débiteur. Et même à cet égard, la convention des parties demeure souveraine, et la résolution, serait encourue par exemple par la seule échéance du terme, s'il a été stipulé que la résolution aurait lieu de plein droit et sans sommation.

Quant aux effets du pacte commissoire, ils varient selon la nature du contrat et des prestations à fournir; pour certaines conventions, un effet rétroactif est produit, pour d'autres, aucune atteinte n'est portée au passé et la convention cesse simplement pour l'avenir.

§

La résiliation des Marchés de fournitures passés avec l'Administration est soumise à ces principes généraux du droit commun.

Les cahiers des charges réservent presque toujours à l'Administration le droit de résilier de plein droit et sans jugement les marchés de ceux des entrepreneurs qui ne remplissent pas leurs engagements. Les cahiers des charges déterminent d'ordinaire avec précision la nature et la gravité de l'inexécution des engagements qui peut autoriser le Ministre à prononcer la résiliation.

**

Le cahier des charges réserve le plus souvent à l'Administration la faculté de pourvoir au service, en cas d'inexécution du marché, au moyen d'une régie ou d'un marché d'urgence, et ce, aux risques et périls du fournisseur.

Cette faculté a besoin d'être stipulée : elle n'est pas de droit. Dans le silence du cahier des charges, l'Administration ne pourrait que demander au Conseil d'État, et ce, par application de l'Art. 1144, C. civ., de l'autoriser à passer un marché par défaut. (Cons. d'État, 22 Mai 1874, Contour; 20 Février 1874, Aff. Rouvière; D. P. 74, 3, 89.)

**

Le fournisseur, qui ne peut rester désarmé en face de l'arbitraire de l'Administration, est incontestable-

ment recevable à se pourvoir contre la décision
ministérielle qui prononce la résiliation de son marché
ou qui ordonne de pourvoir au service au moyen
d'une régie ou d'un marché d'urgence aux risques et
périls dudit fournisseur, en se fondant sur ce qu'il
a rempli tous ses engagements et sur ce qu'il n'y a
pas eu réellement inexécution du marché, ou bien en
se fondant sur ce que, l'inexécution de ses engagements étant due à une force majeure ou à un cas
fortuit, aucune mesure coercitive ne peut être à bon
droit prise contre lui.

En ce cas, la juridiction administrative doit se renfermer dans le jugement d'un contentieux purement
pécuniaire et s'interdire toute décision pouvant faire
échec aux pouvoirs de l'Administration. Tout ce qu'elle
peut faire, c'est d'accorder des dommages-intérêts au
fournisseur; mais les mesures prises par l'Administration, la résiliation prononcée, par exemple, ne pourraient être annulées. (Laferrière, tom. II, p. 134 ;
Brémond, *Opus citatum*, n° 1369 et les Arrêts y cités.)

*
* *

Les cahiers des charges qui autorisent l'Administration à pourvoir au service au moyen d'une régie ou
d'un marché d'urgence aux risques et périls du fournisseur, en cas d'inexécution du marché par ledit
fournisseur, mettent à la charge de ce dernier, l'ex-
cédent de dépenses qui peut résulter des moyens
employés par l'Administration. Mais si, au contraire,
il se produit une économie provenant, par exemple,

de ce que les prix du marché par défaut sont inférieurs
à ceux du marché inexécuté, le bénéfice ne profite
qu'à l'État. Cette règle est la conséquence du caractère
de la clause qui réserve à l'Administration le droit
de faire exécuter l'entreprise aux frais et risques du
fournisseur défaillant. Cette clause est une véritable
clause pénale, d'où il suit qu'elle ne peut être, en
aucun cas, pour ce dernier, la source d'un bénéfice.

Dans tous les cas, le fournisseur n'est jamais admis
à critiquer les moyens employés par l'Administration
pour assurer le service à son défaut, ni les opérations
particulières réalisées pour son compte. Il ne peut,
notamment, exiger que le marché d'urgence soit précédé de la publicité habituelle, ou bien que les quantités à fournir ne soient pas divisées en plusieurs
adjudications. (Cons. d'État, 13 Novembre 1874.)

Le seul devoir de l'Administration vis-à-vis de lui
consiste à constater régulièrement les conditions du
marché par défaut, les prix payés et les quantités
fournies. L'entrepreneur est admis à prouver que
l'Administration a exagéré le montant de la dépense
que l'abandon de son service a occasionnée à l'État.
Il peut aussi obtenir une réduction des sommes mises
à sa charge. (Cons. d'État, 24 Juin 1881.)

*
* *

L'intérêt public exige que l'État puisse toujours
renoncer à des marchés faits en vue de besoins éven-
tuels, par exemple, en vue de dangers de guerre qui
viendraient à disparaître : mais l'équité commande

que le fournisseur résilié soit indemnisé. La jurisprudence a donc été conduite à admettre que l'Administration, qui a fait un marché avec un entrepreneur,
peut toujours le résilier à la seule condition d'indemniser ledit entrepreneur de toutes ses dépenses et de
tout ce qu'il aurait pu gagner. (Cons. d'État, 7 Août
1874. Hotchkiss.)

En d'autres termes la jurisprudence applique aux
Marchés administratifs le principe établi pour le
louage d'ouvrage par l'Art. 1794, C. civ.

Quant à la détermination du montant des dommages-
intérêts dûs par l'Administration à l'entrepreneur dans
cette hypothèse, le Conseil d'État admettait autrefois
comme règle que le Ministre avait le droit de résilier
en indemnisant seulement le fournisseur de ses pertes,
sans rien lui accorder pour privation de ses bénéfices.
(Voir notamment : Cons. d'État, 22 Janvier 1840,
Méjean.)

Cette règle était mauvaise : elle était contraire aux
intérêts sagement entendus du pays. « Le commerce
» ne saurait vivre, en effet, sans bénéfices. Il se peut
» qu'un fournisseur soit lésé dans ses intérêts, même
» ruiné par suite de l'inexécution de ses obligations ou
» d'un cas de force majeure ; il n'est pas admissible
» que le fait de l'État lui fasse la même situation. Une
» telle perspective ne pourrait qu'éloigner les four-
» nisseurs les plus sérieux, et nuire aux intérêts de
» l'État [1] ».

---

[1] Perriquet. *Les Contrats de l'État*, N° 155.

Le Conseil d'État, est revenu sur cette jurisprudence et, dans ses derniers Arrêts sur la matière, a appliqué les Articles 1794, 1149 et 1150 du Code civil.

L'indemnité doit comprendre non seulement les pertes occasionnées à l'entrepreneur par la résiliation de son marché, mais encore les bénéfices qu'il aurait pu réaliser sur l'exécution de ce marché. (Cons. d'État, 9 Août 1873, Gornat ; 12 Février 1875, Sparre.)

Toutefois, l'entrepreneur n'a droit qu'aux dommages-intérêts, qui sont une suite directe de sa résiliation ; les pertes qu'il prétend avoir subies sur sa clientèle, n'en devant être considérées que comme une conséquence indirecte, ne peuvent entrer en ligne de compte pour le calcul de l'indemnité.

Le préjudice moral causé à l'entrepreneur par la résiliation peut, dans une certaine mesure, former un des éléments de l'indemnité ; dans une espèce où le fournisseur ne justifiait d'aucun préjudice matériel, le Conseil d'État a reconnu qu'il lui avait été causé un préjudice moral qui devait être réparé par la condamnation de l'État aux dépens. (Cons. d'État, 11 Décembre 1871, Manceaux.)

L'indemnité doit être fixée d'après l'état de choses existant au jour de la résiliation, c'est-à-dire en prenant, par exemple, pour base l'effectif existant au jour de la résiliation, sans avoir égard aux augmentations qui se sont produites postérieurement. (Cons. d'État, 20 Juin 1873, Lageste.)

Enfin, il est tenu compte, dans le calcul de l'indemnité pour perte de bénéfices, de l'anticipation de jouissance résultant de ce que cette indemnité est exigible à dater de la résiliation, tandis que les bénéfices n'auraient été réalisés qu'à mesure de l'exécution du marché. (Cons. d'État, 4 Février 1875.)

**

Le fournisseur est en droit de demander la résiliation dans toute hypothèse où cette faculté lui a été concédée par le cahier des charges. (Cons. d'État, 17 Mars 1864, Paul Dupont.)

Peu de cahiers des charges s'occupent des hypothèses où la résiliation pourra être demandée par l'entrepreneur. Mais ce dernier peut toujours, aussi bien que le Ministre, invoquer l'Art. 1184, C. civ., lorsque l'Administration par son fait, l'a mis-hors d'état d'exécuter ses obligations, ou d'une manière générale a gravement manqué à ses engagements. (Cons. d'État, 27 Février 1874, Hulin.)

L'entrepreneur peut également invoquer la force majeure, qui anéantit de plein droit le marché quand elle rend l'exécution irréalisable.

A l'impossible nul n'est tenu. Si donc un événement fortuit et étranger aux parties rend impossible l'exécution d'une obligation, celle-ci est éteinte ; ce principe s'applique à toute espèce d'obligations, de faire, de ne pas faire, de donner. (Art. 1147, C. civ.)

Ainsi des entrepreneurs, chargés de la fourniture en 1857 de salpêtres exotiques, ont obtenu la résiliation de leur marché, par le motif que les troubles survenus dans l'Inde à cette époque, en arrêtant la fabrication du salpêtre exotique, constituaient un événement de force majeure qui leur rendait impossible l'exécution de leur marché. (Cons. d'État, 18 Mars 1858, Jemine.)

Il a été jugé cependant que la guerre, si elle rendait plus difficile l'exécution d'un marché, ne constituait pas toujours un cas de force majeure dont le fournisseur pût se prévaloir pour soutenir que son marché devait être résilié de plein droit, et ne l'autorisait pas à refuser de reprendre son service, alors que les circonstances exceptionnelles invoquées par lui n'existaient plus. (Cons. d'État, 22 Mai 1874, Contour.) C'est là, en effet, une question de fait et d'appréciation.

Pour que le fournisseur puisse se prétendre exonéré de ses obligations, à raison de la force majeure, il est nécessaire que cette inexécution soit la conséquence d'un événement purement fortuit et non d'un fait imputable au fournisseur. (Cons. d'État, 22 Nov. 1872, Léon.) Il faut, en outre, que l'accident invoqué par le fournisseur soit complètement imprévu, car la force majeure ne peut être invoquée par le débiteur qui a eu le tort de s'y exposer. (Cons. d'État, 19 Juillet 1872, Leconte-Dupont.)

*
* *

Lorsqu'un Marché de fournitures est résilié par un fait de force majeure, le fournisseur ne peut réclamer des dommages-intérêts pour le préjudice que lui a causé la résiliation.

La Cour de Cassation a décidé, par application de

ce principe, que la révolution de Février, qui constituait un évènement de force majeure, avait entraîné la résiliation des marchés passés avec l'ancienne Liste civile sans qu'il y eût lieu d'accorder des dommages-intérêts aux fournisseurs, soit à raison des pertes qu'ils avaient éprouvées, soit à raison des bénéfices dont ils avaient été privés, et sans qu'il y eût à distinguer entre les dommages nés de faits antérieurs à la rupture de la convention et les pertes ou privations de bénéfices qui ne s'étaient réalisées que postérieurement à cette rupture. (Civ. Rej., 13 Novembre 1854, Aff. Têtu ; D. P. 55, 1, 8.)

Il faut, d'ailleurs, prendre garde de confondre le cas de force majeure avec la volonté d'une des parties. Au premier rang des cas de force majeure, on range le fait du prince.

On entend par là, dans la langue du Droit, les commandements ou les défenses de l'Autorité supérieure, auxquels les particuliers doivent obéissance. Si, par suite d'un acte pareil, un contrat étant intervenu entre deux personnes privées, un débiteur est empêché de remplir son obligation, il y a force majeure.

Quand l'État est partie au contrat, son fait change de caractère et engage sa responsabilité : ne pas l'admettre serait favoriser l'arbitraire de l'Administration et reconnaître pour elle le droit de spoliation.

Il y a lieu, à ce propos, de citer un Arrêt du Conseil d'État du 15 Mai 1865, Mony de Montmort, qui paraît avoir jugé contrairement à ce dernier principe.

L'Arrêt dénie tout droit à l'indemnité à l'industriel qui avait traité avec le Ministre de la Guerre pour l'établissement d'une école de natation à l'usage de la garnison de Paris, et s'était vu refuser par le Ministre de l'Intérieur la permission de stationnement nécessaire. L'industriel avait demandé au Ministre de la Guerre une indemnité pour la résiliation qui en avait été la suite.

Cette demande a été repoussée par le Conseil d'État par le motif que le Ministre de la Guerre, ne s'étant pas engagé à obtenir, de l'Autorité civile, la permission de stationnement nécessaire à l'établissement du sieur Mony de Montmort, et étant resté étranger à la mesure qui avait refusé cette permission, ne pouvait en être déclaré responsable.

Cette solution, comme on l'a fait remarquer, prête beaucoup à la critique :

L'État n'est qu'une personne et ne peut se dédoubler en autant de mandants qu'il a de mandataires. Le fait de chacun de ces mandataires est le fait du mandant et ne saurait, parce que le marché a été passé avec un autre mandataire, être tenu pour étranger au mandant.

**

Les cahiers des charges des divers marchés passés par l'Administration de la Guerre contiennent tous des clauses commissoires énumérant un certain nombre d'hypothèses, dans lesquelles le Ministre peut : soit prononcer la résiliation du marché, soit passer un

marché par défaut total ou partiel, temporaire ou
définitif aux risques et périls de l'entrepreneur. Les
difficultés auxquelles ces clauses donnent lieu doivent
être résolues conformément aux principes dégagés
ci-dessus.

SECTION II. — Pénalités spéciales aux fournisseurs.

L'exécution des marchés passés avec l'Administration de la Guerre et celle de la Marine se rattache
à la sécurité de l'État. Comme les clauses les plus
sévères du traité seraient souvent insuffisantes pour
arrêter ou punir les fraudes ou les négligences des
fournisseurs, la loi pénale renferme des dispositions
spéciales faisant l'objet des Art. 430, 431, 432 et 433
du Code pénal.

Ces dispositions donnent lieu aux remarques générales suivantes.

I

Ces dispositions ne s'appliquent qu'aux fournisseurs
et entrepreneurs des armées de terre et de mer, c'est-
à-dire aux individus qui, dans une forme quelconque,
marché de gré à gré ou adjudication publique, ont
passé *pour les Services des armées de terre ou de
mer*, un Marché de fournitures avec l'État, représenté par les Ministres ou par les fonctionnaires ayant
qualité et pouvoir pour agir en son nom et pour
l'engager.

La condition *nécessaire* et *suffisante* pour que les

Art. 430 à 433, C. pén., soient applicables est que
l'*État soit partie au marché* passé pour le service
des armées de terre et de mer.

Cette condition est très nettement indiquée dans les
motifs d'un Arrêt de la Cour de Cassation, Chambre
criminelle, en date du 12 Janvier 1872. (D. P. 72,
1, 155.)

« Attendu — porte cet Arrêt— que, pour son appli-
» cation, l'Article 433 n'exige pas que les Marchés de
» fournitures pour le compte des armées de terre
» aient été passés avec l'autorisation ou sur l'ordre
» du Ministre de la Guerre ; qu'il suffit qu'ils l'aient
» été, *au nom de l'État,* par une autorité légalement
» autorisée à cet effet. »

La condition est nécessaire :

Dans les marchés passés par les Conseils d'administration des corps des troupes, pour le compte des
différentes masses, par les Commissions des Ordinaires
ou par les Commandants d'unités administratives,
pour assurer l'alimentation des hommes de troupe,
l'État n'est pas partie, nous l'avons établi.

Les Conseils d'administration des régiments, les
Commissions d'Ordinaires jouent un double rôle :
vis-à-vis de l'État, ce sont des délégués qui assurent
un service incombant à l'État, représenté par le Ministre ; à l'égard des personnes avec lesquelles des
marchés sont passés par eux, ce sont des parties
traitant en leur nom personnel et dès lors ne s'engageant qu'elles-mêmes.

Il en résulte que les individus ayant passé des marchés avec les Commissions des Ordinaires ou les Conseils de régiment ont passé non des Marchés de fournitures avec l'État, mais de simples marchés avec des mandataires traitant en leur nom personnel et n'engageant qu'eux-mêmes.

Ce ne sont donc pas des fournisseurs dans le sens des Articles 430 à 433 qui, dès lors, ne leur sont pas applicables : sont seuls fournisseurs, au sens de ces articles, les personnes que l'État s'est substituées *directement* pour accomplir en son lieu et place un service qu'il s'était réservé d'exécuter lui-même, quel que soit d'ailleurs l'objet de ce service.

La condition est suffisante :

Il suffit que l'État ait été partie au marché, représenté par une autorité légalement autorisée, sans qu'il soit besoin que cette autorité soit le Ministre de la Guerre.

C'est ainsi que pour l'application des Art. 430 à 433 :

Doivent être considérés comme marchés passés pour le compte de l'armée de terre, ceux que les Préfets ont traités, en exécution des Décrets des 11 et 22 Octobre 1870, pour armer, habiller et équiper les gardes nationaux mobilisés, encore bien qu'au moment de la conclusion de ces marchés, les corps de mobilisés à l'organisation desquels ils se rattachaient, n'eussent pas encore été mis à la disposition du Ministre de la Guerre. (D. P. 72, 1, 153.)

II

La loi, dans les Art. 430 à 433 ne distingue pas entre l'état de guerre et l'état de paix ; les peines qui y sont portées sont applicables en tout temps. (Cass., 17 Février 1848, Bullet. crimin.)

III

Les crimes ou les délits, compris sous la rubrique « Délits des fournisseurs », quoique commis au préjudice de l'État, se distinguent des crimes ou des délits contre la chose publique, en ce sens qu'ils ne peuvent être poursuivis que sur la dénonciation du Gouvernement.

Que faut-il entendre par ce mot : Gouvernement ?

Dans l'opinion admise par la jurisprudence et la majorité de la doctrine, le droit de porter la dénonciation exigée par l'Art. 433, § 2, appartient :

Au Ministre de la Guerre, s'il s'agit de Marchés de fournitures ou de travaux pour le service de l'armée de terre ;

Et au Ministre de la Marine, s'il s'agit de Marchés de fournitures pour le service de l'armée de mer. (Cr. r. 28 Août 1846 ; D. P. 46. 1, 336 ; Cr. c., 13 Juillet 1860 ; D. P. 60, 1, 362.)

Contrairement à cette opinion, MM. Chauveau et Hélie soutiennent que la poursuite ne peut être autorisée que par une ordonnance du *Chef de l'État.*

On a également soutenu, *antérieurement* au Décret

du 19 Septembre 1870 abrogeant l'Art. 75 de la Constitution de l'an VIII, que les fournisseurs des armées de terre et de mer devaient être considérés comme des *agents du Gouvernement*, dans le sens dudit Article 75 de la Constitution de l'an VIII, et par suite, que les poursuites intentées auxdits fournisseurs dans les cas prévus par les Art. 430 à 433, étaient subordonnées à une autorisation spéciale et nominative, émanée du Conseil d'État, après appréciation des faits par le Comité du Contentieux.

Cette opinion a été rejetée par la Cour de Cassation, motifs déduits de ce que les entrepreneurs de fournitures pour le compte des armées ne sont dépositaires d'aucune partie de l'autorité publique et ne peuvent être assimilés aux agents du Gouvernement. (Cr. r., 28 Août 1846; D. P. 46, 1, 336.)

Les considérants de cet Arrêt mettent d'ailleurs en lumière, dans un style magistral, les raisons pour lesquelles les poursuites sont subordonnées à une dénonciation du Ministre.

« Attendu — porte cet Arrêt — que les dispositions » précitées du Code pénal (Art. 430, 431, 432, 433) » ayant pour objet la réparation des fraudes commises » par les entrepreneurs dans l'exécution de leurs mar- » chés, le législateur a dû prévoir le cas où, par des » poursuites intempestives, le service du fournisseur » se trouverait interrompu ;

» Attendu que c'est évidemment par ce motif que » la poursuite contre les entrepreneurs a été subor- » donnée, non à une autorisation, mais seulement à

11

» une dénonciation, en ayant égard aux circonstances
» d'après lesquelles la mise en mouvement de l'action
» publique pourrait être opportune ou nuisible dans
» l'intérêt de l'État ;

« Attendu qu'il suit de là qu'une semblable dénon-
» ciation doit émaner du Ministre de la Guerre, lequel
» dans son département, a une action directe contre
» les fournisseurs des armées, et règle, seul, tous les
» détails de l'administration au nom du Pouvoir chargé
» de l'exécution des lois; »

Cependant il a été jugé :

Que pour les fournitures relatives à l'équipement et
à l'armement des gardes nationaux mobilisés, confiées
aux Préfets par le Décret du 22 Oct. 1870, c'était le
Ministre de l'Intérieur qui était compétent pour dé-
noncer les délits des fournisseurs. (Cass. Crim.,
12 Janv. 1872 ; D. P. 72, 1, 153; 14 Fév. 1873 ; D. P.
73, 1, 495.)

§

*Quelles énonciations doit contenir la dénonciation
du Gouvernement ?*

La dénonciation préalable du Gouvernement à laquelle est subordonnée l'action publique en cette
matière, vise, non les auteurs du crime ou du délit
dont un ou plusieurs peuvent être inconnus au moment
de la plainte, mais bien les faits criminels ou délictueux
eux-mêmes.

Les personnes qui n'ont pas été personnellement
dénoncées par le Ministre de la Guerre, peuvent par-

faitement être impliquées dans les poursuites. (Trib.
corr. de la Seine, 22 Décembre 1894, Aff. Allez;
Gazette du Palais, année 95, p. 18.)

§

Les fonctionnaires inférieurs au Ministre ne peuvent
exercer le droit de dénonciation, à moins d'y avoir
été expressément autorisés par lui.

La Cour de Cassation a, en conséquence, considéré
comme nulle la condamnation prononcée contre un
fournisseur de la Marine à la suite d'un simple renvoi
que le Préfet maritime avait fait à l'autorité judiciaire
d'une instruction dirigée d'abord contre un commis
aux vivres de la Marine, et dans laquelle s'était trouvé
impliqué un fournisseur de l'armée non justiciable de
l'autorité militaire. (Cr. Cass., 13 Juillet 1860, Aff.
Rousseau; D. P. 60, 1. 362.)

Il faut remarquer d'ailleurs que dans la pratique,
le Ministre exerce le plus souvent son droit de dénonciation après avoir reçu par la voie hiérarchique un
procès-verbal qui aura constaté des faits criminels
ou délictueux et qui aura été dressé par des fonctionnaires inférieurs et notamment par les fonctionnaires
de l'Intendance.

En l'absence de texte déterminant la valeur pro-
bante des procès-verbaux dressés par des fonctionnaires de l'Intendance, les principes généraux du Droit,
conduisent à admettre que ces procès-verbaux ne
sont que des documents de la cause, susceptibles
d'être débattus, tout aussi bien que les témoignages

oraux et qui n'entraînent à aucun degré la conviction du juge. (C. Instr. tr., Art. 342 et 154) [1].

IV.

Les dispositions de l'Art. 3, C. Inst. cr. s'appliquent aux personnes morales publiques et notamment à l'État. C'est ce qui résulte de l'Art. 158 du Décret du 18 Juin 1811, ainsi conçu : « Sont assimilés aux » parties civiles : 1° toute régie ou administration » publique relativement aux procès suivis, soit à sa » requête, soit même d'office et dans son intérêt ; » 2° les communes et les établissements publics, dans » les procès instruits, ou à leur requête, ou même » d'office, pour crimes ou délits commis contre leurs » propriétés. »

Est-il apporté exception à ces principes en matière de « Délits des fournisseurs ? »

Le droit d'option accordé, pour l'exercice de l'action civile, par l'Art. 3, C. Inst. cr., appartient-il à l'État subissant un préjudice par suite des infractions punies par les Articles 430 à 433 inclus du Code pénal ?

Plusieurs auteurs [2] affirment que les juridictions criminelle ou correctionnelle ne sont pas compétentes pour statuer, en cette matière, sur les réparations civiles. Ils en concluent que la demande en dom-

---

[1] Voir : Laborde. C. élém. de Droit criminel, p. 561, n° 954.

[2] Périer. *Opus citatum*, p 162, n° 236 ; Bouchié de Belle, *Revue de l'Intendance militaire*, livraison de Septembre-Octobre 1892 : « Délits des fournisseurs. »

mages-intérêts de l'État contre le fournisseur coupable doit être portée devant le tribunal administratif et que l'État et les fonctionnaires qui le représentent doivent s'abstenir de figurer au procès-criminel ou correctionnel comme parties civiles.

Cette opinion est très plausible. En effet, le principe de la séparation des pouvoirs s'impose aux juridictions répressives aussi bien qu'aux juridictions civiles [1]. Par conséquent, le tribunal judiciaire devant lequel s'élève incidemment une difficulté appartenant au Contentieux administratif, au cours d'un procès répressif, doit renvoyer à l'autorité administrative l'examen de cette question.

Or, l'appréciation du dommage causé à l'État par l'inexécution d'un Marché de fournitures appartient au Contentieux administratif. La juridiction répressive ne peut donc statuer à cet égard; le Conseil d'État est seul compétent.

Cependant, le Tribunal correctionnel de la Seine a décidé récemment dans un jugement en date du 22 Décembre 1894, appliquant les pénalités de l'Art. 433, C. pén. (Aff. Allez), que « l'État repésenté par » le Ministre de la Guerre, prétendant qu'un dommage » lui a été causé par les délits reprochés aux prévenus, » a incontestablement intérêt et qualité pour se porter » partie civile dans l'instance et réclamer la réparation » de ce dommage. »

---

[1] Brémond. *Opus. citatum*, n° 1087.

V

Les Articles 430, 431, 433, C. pén., punissent les infractions qu'ils prévoient, notamment d'une amende, de taux variable. Le minimum de l'amende est fixé par les Art. 430 et 431 à 500 francs, par l'Art. 433 à 100 francs. Quant au maximum, il peut atteindre mais ne pas excéder le quart des dommages-intérêts.

Le juge ne peut excéder le minimum de l'amende qu'à la condition de reconnaître qu'il n'atteint pas la somme variable, indiquée par la loi comme devant être le maximum.

Pour cela, constatation régulière du chiffre des dommages-intérêts doit être faite.

Comment et par qui se fera cette constatation ?

En matière criminelle, c'est-à-dire dans le cas d'une infraction prévue par les Art. 430 et 431, la déclaration des dommages-intérêts se trouvera, soit dans l'arrêt de condamnation, soit dans les questions résolues affirmativement par le Jury. Il est, en effet, reconnu par la jurisprudence que les réponses du Jury n'ont pas moins d'efficacité, à cet égard, que l'arrêt même de condamnation. (Cass. 13 Mars 1856; D. P. 56, 1, 226.)

En matière correctionnelle, c'est-à-dire dans le cas d'une infraction prévue par l'Art. 433, l'évaluation des dommages-intérêts devra se retrouver dans le jugement ou dans l'arrêt de condamnation.

Si l'amende proportionnelle ne repose pas sur une évaluation préliminaire des dommages établis comme il vient d'être indiqué, elle n'est pas justifiée et l'arrêt qui la prononce donne ouverture à cassation. (Nombreux Arrêts et notamment 5 Mars 1887. *Bull. crim.* n° 91.)

Cependant l'évaluation peut être remplacée par cette déclaration que l'amende n'excède pas, par exemple, le quart des restitutions encourues. (30 Nov. 1887, Aff. Canbiac, *Bull. crim.*, n° 249) ou par des constatations du jugement ou de l'Arrêt de nature à justifier l'amende prononcée. (Crim. rej., 23 Février 1861, Aff. Fabre, *Bull. crim.*, n° 43.)

Les principes qui précèdent sont appliqués qu'il y ait ou qu'il n'y ait pas partie civile en cause. S'il n'y a point de partie civile en cause, le juge n'en a pas moins le droit, dans le cas où il trouve le minimum de l'amende insuffisant, d'évaluer le dommage résultant de l'infraction. (13 Janv. 1866., *Bull. crim.* n° 16.)

Dans l'hypothèse où le préjudice inféré à l'État aurait été réparé par la juridiction administrative compétente antérieurement aux poursuites pénales, il n'y aurait pas lieu à prononcer des dommages-intérêts; et par conséquent, l'amende ne pourrait pas excéder, au cas d'infractions prévues par les Art. 430 et 431, 500 francs, et au cas d'infractions prévues par l'Art. 433, la somme de 100 francs. (28 Fév. 1862., *Bull. crim.*, n° 61.)

§

Supposons que l'État ne se soit pas porté partie civile devant la juridiction répressive.

Admettons qu'une amende dépassant le minimum

et par conséquent nécessitant l'évaluation du dommage causé ait été prononcée.

Le juge administratif, devant lequel sera intentée ultérieurement l'action civile de l'État, sera-t-il tenu d'observer, sans pouvoir la modifier, l'évaluation des dommages faite par la juridiction répressive ?

En droit commun la plupart des auteurs admettent que les évaluations qui résultent des jugements criminels ont l'autorité de la chose jugée toutes les fois qu'elles ont été faites en vertu de la loi pénale. (Dalloz, Jurisp. générale, supplément. V° Chose jugée, n° 417, p. 623; Laborde. Cours él. de Droit crim., p. 788, n° 1475 (a).)

C'est dans ce sens que s'est prononcée la jurisprudence. (Voir notamment : Cr. de Cass., 18 Nov. 1878 ; D. P. 78, 1, 462.)

Les conséquences juridiques du système admis par la jurisprudence n'offrent aucun intérêt en matière de délits des fournisseurs, le principe de la séparation des pouvoirs conduisant à décider que l'évaluation du dommage causé faite par la juridiction répressive ne lie en aucune façon le juge administratif. (En ce sens : Cons. d'État, 28 Janvier 1881, Lebas.)

§

Enfin lorsque l'État s'est porté partie civile devant la juridiction répressive et que plusieurs fournisseurs co-accusés ont été condamnés solidairement à la réparation du dommage, l'amende proportionnelle doit être calculée non pas sur : la totalité des dom-

mages-intérêts alloués à l'État, mais seulement sur
la part afférente à chacun des condamnés. C'est une
application de l'Art. 1213 du Code civil. (Crim. Cass.,
2 Avril 1874, Aff. Guffroy ; D. P. 75, 1, 141.)

§

Examinons maintenant les dispositions des Art. 430,
431, 432 et 433.

Article 430.

Le crime prévu par l'Art. 430 est passible de la
réclusion et d'une amende qui ne peut être inférieure
à 500 fr. ni excéder le quart des dommages-intérêts
encourus par l'effet de l'inexécution du marché et du
manquement du service qui en a été la conséquence.

Quels sont les éléments constitutifs du crime prévu
par l'Art. 430 ?

Ce crime est subordonné à deux conditions qui
viennent s'ajouter à celles consistant dans la nature
spéciale du service que la répression sévère de la loi
a voulu assurer et dans la nature du marché passé :

1° L'Art. 430 exige que l'inexécution du marché
ait fait *manquer*, complètement ou même partiellement,
le service auquel ce marché devait pourvoir.

« Que le service d'un fournisseur, est-il dit dans
» l'exposé des motifs, ne se fasse pas ou qu'il soit
» seulement *incomplet*, une opération militaire ou
» maritime peut manquer, et, par là, un corps de troupe,
» une escadre être compromis. »

2° L'Article 430 enlève toute criminalité à une

inexécution du marché qui aurait sa cause dans un évènement de *force majeure*, eût-elle fait manquer le service auquel s'applique le marché.

Le fournisseur ou l'entrepreneur de travaux seraient également affranchis de toute responsabilité pénale, s'ils prouvaient que l'inexécution du marché est exclusivement imputable à leurs agents.

En dehors de ces deux cas, l'Art. 430 devra être appliqué, encore que ce soit par suite d'une simple *négligence* que le service a été manqué, faute d'exécution du marché :

Il *n'est pas besoin qu'une intention frauduleuse soit constatée.* Cela résulte manifestement du texte de l'Art. 430. On peut d'ailleurs remarquer que l'absence d'intention frauduleuse, n'effacerait pas le caractère délictueux d'une négligence qui aurait seulement *retardé* l'accomplissement du service pour lequel le marché avait été contracté et n'empêcherait pas l'application des peines édictées par l'Art. 433; à plus forte raison, par conséquent, cette négligence ne saurait demeurer impunie lorsqu'elle a produit un manquement complet du service. (Dalloz, Code pénal annoté, Art. 430; Contra, Périer, Faustin-Hélie.)

§

Les dispositions du Code pénal sur la complicité s'appliquant d'une façon générale et sans distinction à tous les crimes et délits prévus par le Code, sauf le cas où la loi en a disposé autrement, toute personne qui a coopéré au crime faisant l'objet de l'Art. 430 de l'une des manières prévues par l'Art. 60 du Code pénal, doit être punie comme complice de ces actes.

La même remarque est applicable d'ailleurs aux délits prévus par l'Art. 433.

Dans les Art. 431 et 432 le législateur s'occupe spécialement des agents des fournisseurs et des fonctionnaires publics.

Article 431.

L'Art. 431 étend les peines édictées par l'Art. 430 aux *agents* des fournisseurs, si c'est de leur fait que provient l'inexécution du Marché de fournitures ou de travaux qui y est prévue et la cessation du service qui en a été le résultat.

Ces agents sont atteints non comme *complices*, mais comme *auteurs principaux*. D'où la conséquence :

Qu'ils sont seuls punissables, si l'inexécution du marché et le manquement du service leur sont exclusivement imputables.

§

Quelles personnes désigne l'expression « agents »?

L'expression « agents » comprend tous ceux qui, sous les ordres ou suivant mandat du fournisseur, ont coopéré ou participé en connaissance de cause, à une fourniture militaire.

Les Articles 431 à 433, C. pén., n'établissent aucune distinction entre les sous-traitants, substitués ou non aux fournisseurs, agréés ou non par l'État; les préposés ou les simples agents, tels que : chefs d'ateliers, contre-maîtres, ouvriers ou mandataires du fournisseur.

Rien, ni dans les travaux préparatoires du Code pénal, ni dans la doctrine, ni dans la jurisprudence, ne permet de soutenir que ces articles ne sont applicables qu'aux agents, sous-traitants ou autres agréés par l'État.

On soutiendrait bien plus vainement encore la nécessité d'un lien de droit entre l'État et l'agent d'un fournisseur, pour que cet agent pût tomber sous le coup des articles précités. En effet, il est de doctrine et de jurisprudence que les sous-traitants, même agréés en cette qualité par le Gouvernement, n'ont pas de lien de droit avec l'État s'ils n'ont pas été, en outre, *substitués* régulièrement à l'adjudicataire : ils ne peuvent agir contre l'État si aucun lien de droit n'existe entre eux. Il serait cependant impossible de prétendre que les sous-traitants ou préposés agréés par l'État ne sont pas des agents des fournisseurs aux termes des Art. 431 à 433, C. pén.

La distinction établie par les commentateurs du Décret du 12 Novembre 1806 entre les agents ou préposés agréés par l'État et les simples mandataires personnels du fournisseur n'a aucune application en la matière. Le Décret précité n'a d'autre objet, en effet, que d'assurer à ceux qui, avec l'agrément de l'État, ont fait des fournitures pour le compte ou l'acquit d'un fournisseur, le paiement de ces fournisseurs, et de leur accorder, de ce chef, un privilège spécial sur les sommes dues par l'État audit fournisseur. (Trib. corr. de la Seine, 22 Déc. 1894; *G. Pal.*, 95, p. 18.)

§

Pour l'application des pénalités prévues par l'Art. 430, il n'est pas besoin, nous l'avons établi, qu'une intention frauduleuse soit constatée chez le fournisseur : une simple négligence, ayant entraîné le manquement du service, suffit.

Au contraire, pour que l'agent, par le fait duquel le service a manqué, soit punissable, il faut qu'il *ait agi sciemment*, c'est-à-dire avec une *intention frauduleuse*.

L'intention coupable, en effet, forme la condition de tout crime ou de tout délit, à moins que le législateur n'en ait disposé autrement.

§.

Quelle est la responsabilité qui incombe aux agents qui n'ont fait qu'obéir aux fournisseurs dont ils sont les préposés ?

Certains auteurs ont soutenu que ces agents devaient échapper à toute peine.

Cette opinion ne saurait être admise. Entre les fournisseurs et leurs agents, en effet, il n'existe pas de hiérarchie forcée qui impose à ces agents une obéissance passive de nature à effacer la criminalité d'un acte, dont le résultat est de faire manquer un service qui peut intéresser la sûreté de l'État.

D'ailleurs l'Art. 431 n'établit aucune distinction et c'est en termes absolus qu'il soumet les « agents des fournisseurs » aux peines de l'Art. 430.

Article 432.

L'Art. 432 n'est qu'une application du principe de l'Art. 198 du Code pénal qui élève d'un degré la peine applicable, lorsque le coupable est un fonctionnaire public qui participe aux crimes et aux délits qu'il avait le devoir de surveiller.

L'Art. 432 s'occupe d'une classe spéciale de complices du crime prévu par l'Art. 430 ; ce sont les fonctionnaires publics ou les agents, préposés ou salariés du Gouvernement qui ont aidé les fournisseurs, ou les agents de ces derniers, au manquement du service puni par les Art. 430 et 431.

Mais ces fonctionnaires et agents ne sont atteints que comme complices, et, dès lors, que si l'existence du fait criminel auquel ils ont participé est constatée.

La peine édictée par l'Art. 432 est plus sévère que celle encourue, d'après les Art. 430 et 431, pour le fait principal.

« C'est un bien plus grand crime, dit l'exposé des motifs, de participer au mal, lorsque, par devoir on devrait l'empêcher, » à la peine de la réclusion et de l'amende prononcée par les Art. 430 et 431, l'Art. 432 substitue, en effet, celle des travaux forcés à temps.

La loi réserve le cas où le crime a été commis, d'intelligence avec l'ennemi. Dans cette hypothèse,

la peine à appliquer est celle qui est prévue à l'Art. 77
du Code pénal, c'est-à-dire la mort.

§

Quand par son fait, un fournisseur des armées de
terre ou de mer, aura fait manquer le service dont il
était chargé, avec la complicité de fonctionnaires ou
d'agents militaires, il y aura lieu, pour déterminer le
tribunal répressif compétent d'appliquer les règles
posées par les Art. 76 et 77 du Code de justice
militaire.

Article 433.

Cet article prévoit deux hypothèses :

En premier lieu, le cas où le fournisseur aurait,
par *simple négligence,* apporté des retards dans ses
livraisons ; ces retards sont punis de peines correc-
tionnelles, savoir :

D'un emprisonnement de six mois au moins et de
cinq ans au plus, et d'une amende qui ne pourra excéder le quart des dommages-intérêts ni être moindre
de 100 francs.

On doit admettre *a fortiori,* que si ces retards, au
lieu d'être le fruit d'une simple négligence, avaient été
volontaires et calculés, la pénalité établie par l'Art. 433,
devrait s'appliquer.

Ce n'est pas étendre la loi ; c'est simplement punir
un fait matériel identique de la même manière quand
il est commis par méchanceté et quand il est commis
par simple négligence.

En second lieu, l'Art. 433 prévoit la fraude sur la nature, la qualité ou la quantité des travaux ou main-d'œuvre ou des choses fournies, et la punit des mêmes peines que le retard dans les livraisons.

1° Fraude sur la quantité. — L'Art. 433 réprime la tromperie sur la quantité des *travaux ou main-d'œuvre ou des choses fournies,* à la différence de l'Art. 1er de la Loi du 27 Mars 1851 qui n'atteint que la tromperie sur la quantité de la marchandise livrée.

D'ailleurs pour reconnaître les cas dans lesquels il y a fraude sur la quantité des choses fournies, on peut utilement consulter la Loi du 27 Mars 1851 et les applications qui en ont été faites par la jurisprudence. C'est ainsi que la fraude existe pour les fournisseurs qui auront trompé ou tenté de tromper, sur la quantité des choses livrées, soit par l'usage de faux poids ou de fausses mesures, ou d'instruments inexacts servant au pesage ou au mesurage, soit par des manœuvres ou procédés tendant à fausser l'opération du pesage ou du mesurage, ou à augmenter frauduleusement le poids ou le volume de la marchandise, même avant cette opération ; soit enfin, par des indications frauduleuses tendant à faire croire à un pesage ou un mesurage antérieur et exact.

L'Art. 433 n'exige pour son application qu'une seule condition, *la fraude.* Ainsi : il a été jugé que, pour l'application de l'Art. 433, il importe peu que la fraude porte sur une quantité qui devant être fournie, ne l'a pas été, ou sur une quantité que le fournisseur n'était pas obligé de livrer, mais qu'il a fait frauduleusement figurer sur ses comptes, sans l'avoir réellement fournie. Dans ce cas le délit est consommé dès que l'entrepreneur a livré les documents falsifiés à l'aide desquels la quantité se détermine. (Cour de Nancy, 17 Mars 1880.)

2° Fraude sur la nature et la qualité. — L'Art. 433 punit la fraude sur la nature et la qualité des travaux, main-d'œuvre ou choses fournies, à la différence :

D'une part, de l'Art. 423, C. pén., qui n'atteint que la tromperie sur la nature de la marchandise vendue.

D'autre part, de l'Art. 1er de la Loi du 27 Mars 1851, qui ne punit que :

« 1° Ceux qui falsifieront des substances ou den-
» rées alimentaires ou médicamenteuses destinées à
» être vendues ; 2° Ceux qui vendront ou mettront en
» vente des substances ou denrées alimentaires ou
» médicamenteuses qu'ils sauront être falsifiées ou
» corrompues » ; et qui, par conséquent, s'il consi-
dère comme un délit les fraudes, dans les ventes de marchandises, qui affectent la qualité ou la nature de la chose vendue, ne leur imprime ce caractère qu'en cas de falsification et à la condition qu'il s'agisse soit de substances alimentaires ou médicamenteuses, soit de boissons, en vertu de la Loi du 5 Mai 1855 qui déclare applicables aux boissons les dispositions de la Loi du 27 Mars 1851.

L'Art. 433 embrasse donc une série de fraudes

qui ne sont pas réprimées par l'Article 423 et la Loi
du 27 Mars 1851, notamment les fraudes relatives aux
ventes de fourrages.

On peut du reste consulter utilement les applications faites par la jurisprudence de la Loi du 27 Mars
1851 et de l'Article 423 du Code pénal, pour se rendre
compte des faits qui ont été considérés comme constituant des fraudes et qui motiveraient l'application de
l'Art. 433 s'ils se commettaient dans l'exécution de
marchés passés avec l'État pour le service des armées
de terre ou de mer.

La jurisprudence décide qu'il y a fraude, lorsque
la marchandise livrée n'est pas exactement celle stipulée au marché sans qu'il y ait lieu d'examiner si la
qualité était ou non inférieure.

Ainsi jugé par la Cour de cassation, en matière
de boissons. (Arrêt du 5 Novembre 1885.)

Les fraudes dont s'occupe l'Art. 433, § 1er, se
distinguent aussi de celles prévues dans les Art. 423,
C. pén. et 1er de la Loi du 27 Mars 1851, par les
pénalités plus sévères qu'elles entraînent.

Les deux infractions prévues par l'Art. 433, § 1er,
sont passibles : .... d'un emprisonnement
de six mois à cinq ans; .... et d'une amende
qui ne peut être inférieure à 100 fr., ni excéder le
quart des dommages-intérêts encourus pour inexécution du marché, alors que, pour les délits des Art. 423,
C. pén. et 1er de la Loi du 27 Mars 1851, l'emprisonnement est de trois mois à un an et l'amende de
50 fr. au quart des restitutions et dommages-intérêts.

CHAPITRE VIII

DE LA LIQUIDATION.

A. — *Notions générales.* — La liquidation est l'opération consistant à reconnaître l'existence et la quotité des créances réclamées contre l'État, et particulièrement à écarter celles qui sont frappées de déchéances spéciales par les lois administratives.

La liquidation est un préalable nécessaire pour le payement définitif des dettes de l'État.

Pour remédier aux désordres de l'ancienne administration financière, la Loi du 17 Juillet 1790 « décrète, » comme principe constitutionnel, que nulle créance » sur le Trésor public ne peut être admise parmi les » dettes de l'État qu'en vertu d'un Décret de l'Assemblée » Nationale, sanctionné par le Roi. » (Art. 1er.) La Loi du 28 Avril 1816, Art. 13, modifie la compétence en décidant que les formes de la liquidation seront réglées par le Chef de l'État.

En exécution de cette loi ont été rendus, notamment, l'Ordonnance du 31 Mai 1838, Art. 19, et le Décret réglementaire du 31 Mai 1862, Art. 62, qui portent : « Aucune créance ne peut être liquidée à la charge du Trésor que par l'un des Ministres ou ses délégués. Chacun des Ministres liquide les dépenses afférentes au Service de son département. »

Aux termes de l'Art. 70 du Décret du 3 Avril 1869 :

« Aucune créance ne peut être définitivement liquidée
» à la charge du département de la Guerre que par
» le Ministre, l'établissement du droit constaté avant
» payement par les ordonnateurs secondaires ne dis-
» pensant, dans aucun cas, de la liquidation minis-
» térielle. » Le Ministre des Finances a de plus compétence pour les dépenses qui ne se rattachent à aucun
service spécial et pour celles qui, se rapportant à un
service clos, se trouvent appartenir à l'arriéré.

La liquidation comprend, dans beaucoup de cas, la
vérification de la créance ; mais elle ne l'implique pas
nécessairement : elle doit avoir lieu même quand la
créance est reconnue par le Ministre, ou constatée par
des jugements passés en force de chose jugée. Cette
reconnaissance ou ces jugements ne peuvent, en effet,
résoudre les questions qui font spécialement l'objet de
la liquidation.

Le Ministre liquidateur n'a pas seulement à vérifier
les titres de créances et les pièces à l'appui ; il doit
aussi rechercher tous les faits qui peuvent exercer une
influence sur la situation respective du créancier et de
l'État.

Lorsqu'il liquide un compte, une facture de fournisseur, il doit faire le relevé des acomptes payés, des
débits existant à la charge du créancier, des forclusions
et déchéances qu'il a pu encourir.

§

Les ordonnances et mandats délivrés, pour un service *en cours d'exécution*, donnent lieu au payement

d'acompte, aucun marché, aucune convention pour travaux et fournitures ne devant d'ailleurs stipuler d'acompte *que pour un service fait*.

En principe, les·acomptes ne doivent pas excéder les cinq sixièmes des droits constatés par pièces régulières présentant le décompte du service fait.

Toutefois, la proportion des acomptes peut être modifiée en Algérie et aux armées actives sur le pied de guerre, par une décision du Ministre de la Guerre ou par un arrêté du Général commandant en chef, sans pouvoir excéder la proportion des onze douzièmes des droits constatés. (Décret du 3 Avril 1869, Art. 143.)

Mais le payement pour solde ne peut avoir lieu qu'après la liquidation ministérielle.

Néanmoins, pour certains marchés (livraisons, transports), les règlements autorisent le payement intégral par l'ordonnateur secondaire après vérification de la facture. (Règlement du 26 Mai 1866, Art. 856.)

Dans ces diverses hypothèses, le Ministre délègue aux Intendants l'autorisation d'arrêter les comptes en deniers et les factures, mais toujours sous la réserve expresse du redressement des erreurs matérielles et des doubles ou faux emplois que ferait découvrir la révision ministérielle définitive. (*Ibid.*, Art. 875.)

§

Il peut se faire que la liquidation ministérielle ait pour effet de constituer le fournisseur débiteur de l'État.

Dans ce cas, le Ministre, pour faire reverser par le fournisseur les sommes qu'il aurait perçues en trop à la suite de liquidations provisoires, ou celles qui lui seraient imputées à titre d'amendes ou de retenues, prend contre ledit fournisseur, un arrêté de débet; l'exécution de cet arrêté est assurée par une contrainte du Ministre des Finances.

B. — *Manière de procéder à la liquidation.* — Le règlement du 3 Avril 1869, pour servir à l'exécution en ce qui concerne le département de la Guerre du Décret du 31 Mai 1862 sur la comptabilité publique, indique dans les Art. 71 et suivants la manière de procéder pour la liquidation des dépenses; ces formalités sont d'ailleurs analogues à celles pratiquées dans les autres Ministères. Voici, en résumé, la procédure suivie :

Aucun payement ne pouvant être effectué que pour l'acquittement d'un service fait, la constatation des droits de créanciers précède toujours l'émission des ordonnances ou mandats de payements.

Cette constatation donne lieu à l'établissement, soit d'un certificat attestant l'exécution du service, soit d'un décompte en quantités et en deniers du service fait.

La production des pièces de dépenses ne s'effectue légalement que par l'envoi direct ou le dépôt au Ministère de la Guerre, ou par la remise, au fonctionnaire chargé de la surveillance administrative du service, des comptes, factures, et autres documents exigés par les règlements, marchés ou conventions.

La date de cette production est constatée par l'inscription sur les registres authentiques tenus à cet effet dans les bureaux du Ministère de la Guerre, ou sur le registre spécial d'entrée des pièces de comptabilité tenu par les ordonnateurs secondaires. Mention de l'enregistrement est faite sur les pièces produites.

Tout créancier a le droit de se faire délivrer un bulletin énonçant la date de sa demande et les pièces produites à l'appui. Ce bulletin est dressé d'après les registres dont la tenue est prescrite. Il doit contenir tous les renseignements nécessaires pour garantir à la fois les intérêts des créanciers et ceux du Trésor.

Au fur et à mesure de la production des titres de créances, tels que mémoires, factures, récépissés et tous autres documents destinés à constater l'exécution du service, les ordonnateurs secondaires, après les avoir préalablement inscrits sur leur registre spécial, les arrêtent et les transmettent au Ministre pour servir à l'établissement de la liquidation définitive.

Si quelques dépenses effectuées dans leurs arrondissements respectifs n'étaient point justifiées dans les délais prescrits par les règlements applicables à chaque service, les ordonnateurs secondaires rendraient compte au Ministre, des diligences par eux faites auprès des créanciers, et des causes du retard apporté dans la production des pièces justificatives.

Au moyen des pièces transmises au Ministre, les bureaux administratifs établissent, *par mois* ou *par trimestre*, selon la nature du service, des rapports de liquidation, soit pour chaque espèce de dépense, soit pour chaque créancier ou établissement.

Les titres de chaque liquidation doivent offrir les preuves des droits acquis aux créanciers et être rédigés dans la forme déterminée par les règlements spéciaux à chaque service.

Les rapports de liquidation sont transmis au Contrôle Central, pour être soumis à la révision ministérielle.

Sauf les cas de force majeure, il ne peut être soumis aucun rapport à la révision, après le 31 Mars de la seconde année de l'exercice, afin que toutes les liquidations puissent être arrêtées et révisées, avant la limite extrême assignée pour la liquidation des dépenses. (30 Avril).

Le Ministre prend une décision sur chaque rapport de liquidation et la dépense est inscrite sur les livres du Contrôle Central.

Les liquidations approuvées par le Ministre ne peuvent être l'objet d'aucune modification sans un nouveau concert avec le Contrôle Central.

La liquidation opérée, le Ministre renvoie successivement aux ordonnateurs secondaires les pièces justificatives des dépenses dont il ne se réserve pas l'ordonnancement direct, afin qu'ils puissent en solder le montant par leurs mandats.

Dans le cas où une dépense serait payable sur mandat sans liquidation ministérielle préalable, l'ordonnateur secondaire, au lieu de transmettre toutes les pièces au Ministre, procéderait immédiatement à l'ordonnancement, sauf à adresser ensuite au Ministre les titres nécessaires à l'établissement de la liquidation définitive.

G. — *Des intérêts.* — Les sommes dues aux fournisseurs ou par eux, peuvent être productives d'intérêts.

La jurisprudence fixe, dans ce cas, à 5 p. % le taux de l'intérêt, parce qu'elle ne considère pas les Marchés de fournitures comme des contrats commerciaux dans les rapports de l'Administration et du fournisseur. (Cons. d'État, 14 Septembre 1852, Genevois.)

Mais à tout autre point de vue, le fournisseur n'en reste pas moins un commerçant, et dès lors il a le droit de retirer du capital affecté à son industrie un intérêt de 6 p. %. Aussi le Conseil d'État décide : que, lorsqu'il est tenu compte à un entrepreneur de fournitures de la perte d'intérêts d'un capital dont, par la faute de l'Administration, il n'a pas eu la disposition à une certaine époque, ces intérêts doivent être calculés au taux de 6 p. %. Ainsi jugé, dans une espèce où l'Administration avait obligé le fournisseur à conserver ses approvisionnements sans qu'il pût les utiliser : le Conseil d'État a admis qu'il fallait calculer à raison de 6 p. % les intérêts dus par l'Administration pour la somme représentant la valeur de ces approvisionnements. (Cons. d'État, 5 Fév. 1875, Escalle.)

La détermination du taux des intérêts, lorsque le prix des fournitures doit être payé au fournisseur ailleurs qu'en France, donne lieu à une intéressante application des principes généralement admis en Droit International privé sur l'exécution des contrats. Il est naturel que les contractants aient voulu soumettre cette exécution à la législation du lieu où elle peut être demandée et qui, sans doute, a mieux qualité que toute autre pour trancher les difficultés, souvent imprévues au jour du contrat, que soulèvera l'accomplissement de l'obligation. Quand le lieu où l'obligation doit être exécutée est différent de celui où le contrat est passé et relève d'une autre législation, la plupart des auteurs pensent qu'il faut rattacher à l'exécution de l'obligation et par suite déterminer par la loi du pays où elle aura lieu, soit en vertu d'une clause du contrat, soit en vertu de la loi qui a présidé à sa formation, les règles qui sont relatives, notamment : *à la délivrance et à la réception de l'objet dû, au mode dans lequel le paiement pourra se faire,* aux espèces dans lesquelles il pourra être effectué, à la demeure du débiteur, *aux intérêts moratoires et aux dommages-intérêts qu'il doit en cas de retard ou d'inexécution, etc., etc.* (André Weis, Droit International privé, 2me édit., p. 641, et les autorités y citées; Chausse. *Revue critique,* 1886, p. 693.)

S'inspirant de ces principes, la jurisprudence du Conseil d'État admet que le taux de 5 p. °/₀ cesse d'être applicable lorsque le prix des fournitures doit être payé aux fournisseurs ailleurs qu'en France; dans ce cas, les intérêts doivent être calculés d'après le taux du lieu du payement. (Cons. d'État, 2 Mai 1861, Dato; 21 Juillet 1870, Bernard; 7 Décembre 1870, Souberbielle; 8 Août 1872, Strauss.)

§

Dans les liquidations d'intérêts à la charge ou au profit de l'État, l'année doit être comptée conformément au calendrier Grégorien, c'est-à-dire que chaque jour représente 1/365me du taux de l'intérêt d'un an.

Lorsque des conventions, jugements ou autres actes ont fixé le jour à partir duquel les intérêts seront exigibles, les décomptes d'ordonnancement et de payement sont dressés conformément à cette fixation.

A moins qu'il n'en soit autrement disposé par les actes ou conventions, le décompte des intérêts est fait jusqu'au jour exclusivement où l'ordonnance ou le mandat de payement du prix principal peut être valablement présenté à la caisse du comptable du Trésor. (Règlement du 3 Avril 1869, Art. 80.) Pour se rendre compte de la portée de cette prescription, il faut se rappeler : qu'en principe, les ordonnances directes ne sont payables que dix jours après la date de leur délivrance, et les mandats des ordonnateurs secondaires que cinq jours après leur émission. (Art. 164. Même Règlement.)

§.

De quelle époque courent les intérêts ? Le « Règlement pour servir à l'exécution, en ce qui concerne le Département de la Guerre, du Décret Impérial du 31 Mai 1862 sur la Comptabilité publique », en date du 3 Avril 1869, renferme, à cet égard, les prescriptions suivantes :

« Art. 80. — Dans les liquidations d'intérêts à la
» charge ou au profit de l'État,..........

» A défaut de stipulation à cet égard, les intérêts
» sont calculés, au profit du vendeur, à partir du jour
» de la prise de possession par l'acquéreur, si cette
» prise de possession a précédé le payement du prix.

» En cas d'expropriation pour cause d'utilité publi-
» que, les intérêts de l'indemnité de dépossession sont
» calculés à partir de l'expiration des six mois qui ont
» suivi la décision du Jury, quand même il n'aurait pas
» été pris possession de l'immeuble.; ces intérêts re-
» montent à l'époque de la prise de possession, si elle
» a eu lieu avant l'expiration des six mois. »

Si l'on se trouve en présence d'un cas non prévu
par l'Art. 80 précité ; que faut-il décider, dans les
liquidations d'intérêts à la charge ou au profit de
l'État, sur le point de départ de ces intérêts ?

Dans le droit commun, et aux termes de l'Art. 1153,
C. civ., ils ne sont dus que *du jour de la demande*,
sauf les cas où la loi les fait courir de plein droit. Cette
règle doit-elle s'appliquer ici ? La Loi de Finances du
28 Avril 1816, qui s'occupe de l'acquittement de
l'arriéré, porte, Art. 13, § 2 : « Les créances arriérées
» porteront intérêt à 5 p. %, sans retenues, payable
» par semestre, à compter de la publication de la
» présente loi, *quelle que soit l'époque de la liqui-*
» *dation.* »

Donc, pour les créances antérieures à 1816, l'intérêt
court seulement à partir de la publication de la Loi
du 28 Avril de cette même année.

Pour les autres cas ordinaires, la jurisprudence,
tirant argument des mots « quelle que soit l'époque
de la liquidation » de la loi précitée, admettait autrefois
que c'est l'époque de la liquidation qui est le point de
départ des intérêts et non le jour de la demande.

Mais le Conseil d'État admet aujourd'hui que les

intérêts, conformément à la règle générale, courent du jour de la demande. (Cons. d'État, 13 Juillet 1864, Josserand ; 27 Novembre 1874, Compagnie des Dombes.)

Par jour de la demande, il faut, d'ailleurs, entendre exclusivement le jour de la demande au Ministre et non le jour de la demande adressée, par exemple, au Commandant militaire d'une expédition. (Cons. d'État, 12 Juillet 1882, Kieffer.)

Les intérêts moratoires, étant d'ailleurs de véritables dommages-intérêts, ne peuvent être exigés par un fournisseur quand le retard dans le payement provient exclusivement de sa faute. (Cons. d'État, 6 Mars 1874, Beauchamps ; 7 Décembre 1870, Suberbielle.)

Lorsque c'est le fournisseur qui est débiteur envers l'État, il peut être tenu au payement des intérêts des sommes dues. Ces intérêts ne courent également que du jour où ils ont été demandés, à moins que le fournisseur ne puisse être considéré comme ayant reçu ou gardé de mauvaise foi, les avances à lui faites par l'État, cas auquel les intérêts, par application de l'Art. 1378, C. civ., courraient du jour de l'indue possession. (Cons. d'État, 27 Nov. 1874, Letellier.)

§

Par application de l'Art. 1154, C. civ., le Conseil d'État admet la capitalisation des intérêts dus pour plus d'une année, et rejette la capitalisation des intérêts dus pour moins d'une année.

(1ʳᵉ Hypothèse. Cons. d'État, 13 Juillet 1883,

Cⁱᵉ des Chemins de fer de Paris-Lyon-Méditerranée, c. le Ministre de l'Agriculture et du Commerce.)

....

Sur les intérêts et les intérêts des intérêts :

Considérant, en ce qui concerne cette somme de 25,330 fr. 15 c., que la Compagnie a demandé le 19 Juillet 1879 les intérêts des sommes qui lui sont dues par l'État; qu'elle a demandé les intérêts des intérêts le 11 Avril 1883; qu'à cette date, il lui était dû plus d'une année d'intérêts; que, par suite, il y a lieu de lui allouer les intérêts des intérêts ainsi échus........... (L'État paiera à la Compagnie des Chemins de fer de Paris-Lyon-Méditerranée, à raison d'une expédition de 48 wagons de biscuits remise le 9 Février 1871, à la Gare de Villefranche, la somme de 25,330 fr. 15 c., avec les intérêts à partir du 19 Juillet 1879 et les intérêts des intérêts échus le 11 Avril 1883 à partir de cette date.

(2ᵐᵉ Hypothèse. Cons. d'État, 12 Novembre 1880, Bloch.)

....

Sur les intérêts des intérêts :

Considérant que le sieur Bloch ne justifie d'aucune demande d'intérêts antérieure au 4 Juin 1877, date de la requête présentée en son nom devant le Conseil d'État; que, dès lors, les intérêts ne peuvent lui être alloués qu'à partir dudit jour;

Consdérant que le 4 Juin 1877, le sieur Bloch a également demandé les intérêts des intérêts, mais qu'à

cette date il ne lui était pas dû plus d'une année d'intérêts; que, dès lors, il n'a pas droit aux intérêts des
intérêts......

D. *Délais et déchéances applicables aux liquidations*: — Les créances des fournisseurs sont, comme
toutes les créances contre l'État soumises à la déchéance
quinquennale établie par l'Art. 9 de la Loi du 29 Janvier 1831, ainsi conçu : « Seront prescrites et défini-
» tivement éteintes au profit de l'État, sans préjudice
» des déchéances prononcées par les lois antérieures
» ou consenties par des marchés ou conventions, toutes
» créances qui, n'ayant pas été acquittées avant la
» clôture des crédits de l'exercice auquel elles appar-
» tiennent, n'auraient pu, à défaut de justification
» suffisante, être liquidées, ordonnancées et payées dans
» un délai de cinq années, à partir de l'ouverture de
» l'exercice, pour les créanciers domiciliés en Europe,
» et de six années pour les créanciers résidant hors du
» territoire européen..... »

Cette disposition — reproduite dans les Art. 131
et 137 du Décret du 31 Mai 1862 et dans l'Art. 216
du Décret du 3 Avril 1869 — a paru nécessaire pour
le bon ordre des finances, car l'État ne peut pas
rester pendant trente ans dans l'incertitude de ses
charges; mais, pour des raisons évidentes de justice,
le législateur, dans l'Art. 10 de la Loi de 1831,
déclare que la déchéance n'est pas applicable « aux
» créances dont l'ordonnancement et le payement
» n'auraient pas pu être effectués dans les délais
» déterminés, *par le fait de l'Administration, ou*

» *par suite de pourvois formés devant le Conseil*
» *d'État.* »

La déchéance ressemble à la prescription en ce
qu'elle éteint la dette de l'État; mais elle en diffère
à deux points de vue : elle n'est suspendue par aucune
des causes qui suspendent la prescription et son point
de départ remonte à l'ouverture de l'exercice, c'est-à-
dire au 1er Janvier de l'année pendant laquelle les
services ont été faits ou les droits acquis, tandis que
le point de départ de la prescription est toujours la
date de l'exigibilité de la créance.

La déchéance quinquennale n'est applicable, d'ailleurs qu'aux véritables créances, et non à l'obligation
de rendre les cautionnements, qui ne cessent pas
d'appartenir aux déposants. (Art. 16, L. 29 Janvier
1831.) Mais elle frappe les intérêts des cautionnements
comme tous autres accessoires des créances. (Cons.
d'État, 4 Mai 1854, Largey.)

La Loi du 29 Janvier 1831 a très expressément
réservé les déchéances prononcées par les lois antérieures ou consenties dans les marchés.

Or, le Décret du 19 Avril 1806, dispose à cet égard :

« ART. 1er. — Dans chaque marché ou traité passé
» par les différents Ministres, il doit être déterminé
» par une clause expresse, une époque fixe pour la
» remise des pièces constatant les fournitures faites à
» l'État en vertu du marché ou traité intervenu. »

» ART. 2. — Toute pièce qui n'aura pas été déposée
» dans les bureaux des Ministres respectifs, avant
» l'époque de rigueur déterminée par le marché ou

» traité, sera considérée comme non avenue, et ne
» pourra, sous aucun prétexte, être admise en liqui-
» dation, soit en faveur du traitant, soit en faveur de
» ses concessionnaires ou sous-traitants. »

Pour les Marchés de la Guerre, le Décret du
13 Juin 1806 (Art. 3), fixe lui-même le délai qui doit
être stipulé, et qui est de six mois à partir de l'expiration du trimestre auquel appartient la dépense.

L'Article 65 du Décret du 3 Avril 1869, repro-
duisant l'Art. 145 du Décret du 31 Mai 1862, dispose
expressément que : Art. 65. « Les marchés, traités
» ou conventions à passer pour les services du ma-
» tériel doivent toujours rappeler, pour les rendre
» obligatoires, les dispositions du Décret du 13 Juin
» 1806, d'après lesquelles tous les créanciers du ma-
» tériel de la Guerre sont tenus, sous peine de dé-
» chéance, de produire leurs titres dans les six mois
» qui suivent le trimestre pendant lequel le service
» a été effectué.

» Cependant, lorsque la nature du service le per-
» met, les marchés peuvent stipuler des délais de
» production plus restreints, afin de rapprocher, autant
» que possible, de l'exécution du service, l'époque de
» la liquidation définitive des dépenses.

» Les dispositions du Décret précité ne sont point
» applicables aux dépenses du personnel, non plus
» qu'à celles du matériel, qui ne résultent pas de
» conventions écrites. »

Les cahiers des charges des divers services de
l'Administration de la Guerre renferment tous une

clause fixant un délai de remise des pièces variant généralement de un à trois mois. Le Conseil d'État ne saurait relever les fournisseurs de la déchéance ainsi édictée. (Cons. d'État, 10 Janv. 1867, Méliton ; 13 Août 1868, Boussavit ; 29 Juin 1870, Esquino.)

Mais le Ministre la prononçant comme administrateur et non comme juge, peut toujours y renoncer. (Cons. d'État, 29 Août 1867, Calvo ; 22 Août 1879, Esquino.)

Par application des principes généraux du Droit, la déchéance cesserait manifestement d'être encourue si le fournisseur avait été mis dans l'impossibilité de présenter ses factures par un cas de force majeure, par exemple par l'investissement de la place où se trouve le centre de ses affaires. Toutefois, un certain nombre de cahiers des charges stipulent, et la validité de cette clause ne saurait être contestée, que les cas de force majeure rendant la déchéance inapplicable doivent être justifiés par un certificat de l'autorité compétente, établi dans les vingt-quatre heures qui suivent l'évènement.

La jurisprudence actuelle du Conseil d'État refuse, on le sait, aux créanciers d'un fournisseur d'exercer les actions de leur débiteur devant la juridiction contentieuse, en vertu de l'Art. 1166 du Code civil, et déclare, dans ce dernier cas, non recevable, le créancier qui n'est pas nanti d'un jugement le subrogeant aux droits de son débiteur, alors surtout que sa qualité est contestée par le Ministre. Mais des créanciers ou des sous-traitants du fournisseur, ayant intérêt à la conservation de ses droits, pourraient-ils prévenir la déchéance résultant de la non remise des pièces dans les délais prescrits, en produisant les factures à sa place ?

Sans nul doute : produire des factures devant le Ministre n'est point exercer une action devant un juge, et le Conseil d'État admet la validité et l'efficacité de cet acte purement conservatoire.

E. —*Contestations sur la liquidation de fournitures et revision des liquidations.* — La liquidation définitive faite par le Ministre peut être attaquée par le fournisseur devant le Conseil d'État, conformément aux règles générales. Le pourvoi doit être formé dans les trois mois de la notification. Il est non recevable, si le fournisseur a acquiescé à la décision du Ministre ou reçu son payement sans faire des protestations ou réserves. (Cons. d'État, 7 Mars 1834, Vaulerbeghe ; 13 Juillet 1864, Josserand.)

Le fournisseur peut aussi adresser une réclamation au Ministre qui, ayant statué sur la liquidation comme administrateur et non comme juge, peut rectifier après coup les erreurs qu'il a commises. — Les décisions ministérielles peuvent être modifiées ou rapportées par leur auteur, parce que l'État peut toujours revenir, par l'organe de son représentant, sur les prétentions qu'il a émises ou les résolutions qu'il a prises. Il en résulte notamment que le Ministre, après avoir repoussé une demande d'indemnité, opposé la déchéance quinquennale à un créancier de l'État, ou pris un Arrêté de débet, peut rapporter ou modifier cette décision. (Cons. d'État, 29 Août 1867, Calvo ; 12 Août 1879, Esquino.)

§

Le Ministre pourrait-il, après avoir fait notifier une décision portant liquidation d'une créance à un fournisseur, revenir sur l'arrêté de compte signifié et le modifier dans un sens défavorable au fournisseur ?

Une distinction est à faire :

Si le fournisseur a acquiescé à la liquidation notifiée, cet acquiescement crée un lien de droit que le Ministre ne peut rompre.

Si le fournisseur n'a pas acquiescé, la liquidation notifiée ne constitue qu'une pollicitation, que le Ministre peut retirer.

Par application de ces principes, le Conseil d'État a décidé que le Ministre ne peut plus reviser les éléments d'une liquidation, après ordonnancement et payement des sommes admises au compte du fournisseur, et cela alors même que des trop-perçus lui seraient signalés par des observations de la Cour des Comptes. (Cons. d'État, 4 Août 1866, Dufils.)

Ou qu'il se croirait en droit d'établir une compensation entre une allocation faite à l'entrepreneur et des retenues ou débets tardivement reconnus à sa charge. (Cons. d'État, 6 Mai 1858, Dary ; 2 Mars 1870, Bonhomme.)

§

La règle est donc l'irrévocabilité des liquidations définitives. Toutefois, le compte arrêté entre le Ministre

et le fournisseur est soumis à l'application de l'Art. 541,
Code procéd. civ., ainsi conçu :

« Il ne sera procédé à la révision d'aucun compte,
» sauf aux parties, s'il y a erreurs, omissions, faux
» ou doubles emplois, à en former leurs demandes
» devant les mêmes juges. »

Le Ministre ne peut donc reviser, ni le fournisseur
attaquer la liquidation opérée et acceptée par le second,
si ce n'est dans les cas prévus par l'Art. 541.
(Cons. d'État, 4 Août 1866, Dufils ; 2 Mars 1870,
Bonhomme.)

A cette première exception à l'irrévocabilité des
liquidations définitives tirée de l'Art 541, il faut en
ajouter une autre, celle qui aux termes du droit
commun, serait fondée sur le vol ou la fraude. Et il
en serait ainsi, alors même que le vol ou la fraude
sont le fait d'un préposé infidèle, et se sont produits à
à l'insu du fournisseur. (Cons. d'État, 8 Juillet 1840,
Moreau ; 28 Août 1854, Lauriol.)

Mais la faculté de revision étant l'exception, il est
clair que celui qui la demande doit se fonder sur des
griefs précis et rentrant expressément dans un des
cas où la revision est légalement admissible. Aussi,
dans une espèce qui lui a été soumise, le Conseil
d'État a-t-il décidé que le compte était devenu définitif et qu'il n'y avait pas lieu à revision lorsque les
réclamations du Ministre à ce sujet n'avaient qu'un
caractère vague et général sans la justification d'aucune erreur de calcul, d'aucun faux, sans l'articu-
lation nette et précise d'aucun fait de vol ou de fraude

imputable aux entrepreneurs et sans la preuve que les irrégularités de la liquidation présentassent un caractère frauduleux. (Cons. d'État, 8 Février 1866, Transp. gén. de la Guerre.)

Une erreur commise dans l'intérêt de la loi ne suffirait pas davantage pour faire admettre la revision. (Cons. d'État, 8 Février 1863, Villa.)

Les causes de revision seraient même inadmissibles à l'égard des chefs du compte pris isolément, si les parties avaient entendu faire une cote mal taillée et régler en bloc tous les détails du service. (Cons. d'État, 1er Août 1838, Roche.)

En droit commun, l'action ou redressement de compte basée sur l'Art. 541, C. pr. civ., se prescrit par *trente ans* (Art. 2262 C. civ.), vainement voudrait-on la soumettre à la prescription de dix ans, en l'assimilant à une action en nullité ou en rescision. L'action en redressement de compte a souvent pour but de compléter le compte et non de le faire annuler, par exemple, lorsqu'on se propose de faire réparer une omission.

Mais l'action en redressement de compte, intentée à la suite d'une liquidation par un Ministre, d'une créance à la charge de son Département, est atteinte par la déchéance quinquennale établie par l'Art. 9 de la Loi du 29 Janvier 1831. (Art. 95 et 216 combinés du Décret du 3 Avril 1869.)

Pour les marchés du Service des Subsistances même, l'action en revision est soumise à une prescription beaucoup plus courte, qui est de trois mois. C'est ce qui résulte des Art. 878 et 879 du Décret du 26 Mai 1866 sur les Subsistances militaires.

La jurisprudence applique avec rigueur ce délai de trois mois. (Cons. d'État, 6 Mai 1856, Dary.)

Vu : *Le Président de la Thèse,*
BRÉMOND.

Vu : *Le Doyen de la Faculté de Droit,*
VIGIÉ.

Vu et permis d'imprimer :
Montpellier, le 17 Août 1895.

Le Recteur,
A. GÉRARD.

BIBLIOGRAPHIE

CORMENIN. — Droit administratif.

PÉRIER. — Des Marchés de fournitures.

PERRIQUET. — Les contrats de l'État.

LAFERRIÈRE. — Traité de la juridiction administrative et des recours contentieux.

BRÉMOND. — Traité théorique et pratique de la compétence administrative.

BÉQUET. — Répertoire du Droit administratif.

AUCOC. — Conférences sur l'Administration et le Droit administratif.

DUFOUR. — Traité général de Droit administratif.

FAUSTIN-HÉLIE. — Théorie du Code pénal.

BLANCHE. — Études sur le Code pénal.

LABORDE. — Cours élémentaire de Droit criminel.

DELALANDE. — Traité théorique et pratique du contrat d'assurances sur la vie.

DEMANTE. — Principes de l'enregistrement.

DELAPERRIÈRE. — Cours de législation et d'administration militaires.

DICTIONNAIRE des Droits de l'enregistrement.

CRÉTIN. — Conférences sur l'Administration militaire.

Tous les Arrêts du Conseil d'État que nous avons cités se trouvent dans le Recueil des Arrêts du Conseil d'État de Lebon.

Les lettres S et D. P. indiquent les Recueils de Sirey et de Dalloz.

14

TABLE DES MATIÈRES

www.ingramcontent.com/pod-product-compliance
Lightning Source LLC
Chambersburg PA
CBHW070525200326
41519CB00013B/2940